KB068125

육아의 모든 순간,
필요한 건 철학이었다

나를 깨우고 아이를 키우는
처음 생각 수업

육아의
모든 순간,

이지애 외 지음

필요한 건
철학이었다

부모가 철학을 공부할 때, 달라지는 것들

"애한테 저도 모르게 버럭버럭 소리를 지르게 돼요. 애가 얼마나 상처받을까요. 매번 후회하는데, 고칠 수가 없어요."

"저도 잘 모르겠어요, 왜 꼭 공부를 해야 하는지. 그렇다고 우리 애만 학원 안 보내기엔 찝찝하고요."

"아이가 친구 문제로 괴로워하는데요. 괜히 제가 나섰다가 우리 애만 왕따 되면 어쩌나 싶고, 가만히 있자니 애가 너무 힘들어하고….."

"조부모님댁에 아이를 맡기고 있는데, 애가 조부모님의 사투리와 살짝 거친 말투를 따라 해요. 안 맡길 수도 없고… 걱정입니다."

"공주 치마 안 입혀주면 안 나가겠다고 떼쓰던 아이가 이젠 바지만 입으려고 해요. 남자애들하고 원수진 것처럼 싸우고요."

우리는 대학 소속 연구소에서 철학교육을 함께 공부하며, 아이들에게도 또 부모님들에게도 '철학함'의 필요성을 전하고 있습니다. 그 일환으로, 아이들이 일상에서 마주치는 문제들을 철학의 도움으로 해결해 나갈 수 있도록 돕는, 그러니까 '스스로 생각하기'를 가르치는 교육프로그램 '토요철학교실'을 열고 있는데요, 이 수업에서 만난 학부모님들에게 이런 질문들을 수없이 듣곤 했습니다. 그러면서, 아이들과 깊은 대화를 나눌 수 있는 토론 방식의 수업이 집에서도 재현된다면 얼마나 좋을까 생각하게 됐습니다. 철학적 토론이 부모와 아이의 식탁 대화, 소파 대화에서 일상적으로 이뤄진다면, 부모님들이 토로하던 고민들이 상당 부분 줄어들 거란 예감이 들었습니다. 이 책은 바로 그 좋은 예감에서 출발했습니다.

부모가 된다는 것, 색다른 괴로움의 시작

· · ·

부모가 되는 순간, 우리는 지금까지 살아온 세계와 결별하고 완전히 새로운 세계에 진입하게 됩니다. 지금까지는 내 의지대로 행동하고, 그 결과를 책임지면 그만이었습니다. 그러나 이제부터는 다릅니다. 적어도 아이를 키우는 데 있어서는, 내 선택에 대한 결과가 나에게 돌아오지 않는 일이 비일비재하기 때문입니다.

어릴 때는 아이가 경쟁에 대한 부담 없이 마음껏 뛰어놀게 해주고 싶다며 아이를 학원에 전혀 보내지 않기로 결정한 부모님들이 꽤 많은데요, 어느 날 아이가 자기는 학원을 안 다녀 친구도 없고 학습 속도도 더딘 것 같다며 속상해하는 걸 보고 당황하는 경우가 적지 않습니다. 그런가 하면, 어린이집이나 유치원에서 아이가 친구와 싸우다 살짝 맞고 돌아왔을 때 선생님에게 괜히 까다롭게 굴기 싫어 "괜찮다"고 하고 넘어갔는데, 정작 아이는 마음 깊이 상처받은 걸 깨닫고 갈피를 잡지 못하겠다는 부모님도 계시고요.

어디 그뿐인가요. 부모가 되기 전에는 항상 당당했던 사람도 부모가 된 후에는 여러 사람의 눈치를 살펴야 합니다. 부부가 둘 다 일을 할 경우 아이를 제삼자에게 맡겨야 하는데, 그 제삼자가 피붙이라 할지라도 눈치를 보게 되는 건 크게 다르지 않은 일이죠. 아이가 어린이집, 유치원, 학교에 진학하게 되면 선생님들 눈치도 봐야 하고요. 아직 사회화가 덜 된 아이를 데리고 외출이라도 할라치면 온갖 신경을 곤두세워야 합니다. 활동적인 아이를 두고 잠깐 한눈을 팔았다가는 소위 '맘충'이라는 낙인이 찍히기도 하죠.

아이를 키우다 보면 이렇듯 고통스러운 일들을 곳곳에서 마주칠 수밖에 없습니다. 그럼에도, 누가 아이 가진 걸 후회하느냐고 묻는다면, 절대 아니라고 답할 분들이 대부분일 거라 짐작합니다.

그렇다면, 어차피 마주칠 수밖에 없는 고통을 인정하고, 그 고통이 내 삶과 아이의 삶을 더 나은 방향으로 이끌 수 있도록 조용히 응시할 시간이 필요하지 않을까요?

고독한 육아의 나날을 지탱해 주는
철학의 위로, 철학의 힘

• • •

저희는 그 고통을 응시하는 데 철학자의 시선을 차용하고 싶었습니다. 아이를 키우는 순간순간 마주치게 되는 '이러지도 저러지도 못하는 문제들'을 성찰하고 풀어가는 도구로 철학만 한 게 없다고 믿었기 때문입니다. 어찌해야 좋을지 모르겠다 싶은 막막한 문제들에 쉬운 해결법이 있을 리 없습니다. 그렇다면, 그 문제를 들여다보고 충분히 고민하는 시간이 필요한데, 철학은 그야말로 '생각하는 학문' '고민하는 학문'이니 이보다 제격인 도구가 있을까요?

이런 문제의식을 공유한 우리 다섯 명의 저자들은 이 책을 작업하기 위해 약 1년간 편집자와 함께 여러 번의 미팅을 진행했습니다. 먼저, 토요철학교실에서 만난 분들의 이야기와 아이를 키우고 있는 저자들 및 저자 친구들의 이야기를 토대로, 아이를 키우며 가장 풀기 힘들었던 문제를 열 가지로 추렸습니다. 그리고 각자의 전공 분야에 맞게 두 가지씩 주제를 나누었고, 다수의 의견을 청취해 초고를 작성했습니다. 완성된 초고는 여러 번의 미팅 자리에서 수도 없이 난도질을 당했습니다. 우리의 첫 번째 도전 과제는 '자기 자신과의 싸움'이었던 셈입니다. 더 현실적인 사례를 수십 가지 수집했고, 각 문제에 도움이 될 만한 철학자들과 그들의 저작물을 여러 차례 서로 검토했습니다. 그렇게 해서 이 책이 탄생했습니다.

단순히 저자 다섯 명이 편의적으로 주제를 나누어 집필한 후 그 글들을 묶어낸 책이 아니라는 점에서, 이렇게 수차례에 걸친 난상 토론을 거쳐 완성된 책이라는 점에서, 이 책은 집필 과정 그 자체가 우리에게도 몇 달에 걸친 '함께 철학하기' 그 자체였습니다.

책을 쓰며 다양한 부모들의 고민을 접할 수 있었습니다. 그러면서 알 수 있었던 것은 아이를 키우는 것이 굉장히 외로운 일이라는 사실이었습니다. 행여 내가 잘못해 아이가 잘못되기라도 하면 어쩌나 늘 불안해하면서도 결국 단호해져야만 하는 상황들이 줄줄이 이어지면서, 몸도 마음도 지쳐버렸다는 분들이 많았으니까요.

이 책에 담긴 철학자의 말들이 '아, 나만 이런 고민을 했던 게 아니구나' 하는 자각과 함께 '이 문제를 이렇게 다양한 각도에서 바라볼 수도 있구나' 하는 깨달음으로 이어지길 바랍니다. 나아가 그 깨달음이 문제 해결에 조금씩 다가가는 실마리가 되길 바랍니다.

생각 근육을 키우는 부모, 도덕적 민감성을 갖춘 아이

• • •

생각의 힘은 강합니다. 생각을 거듭해 해결에 이른 문제들은 대체로 후회를 남기지 않습니다. 철학함은 바로 그 생각 근육을 키우는 일입니다. 철학교실에서 아이들과 철학함을 훈련하며 아이들이 앞으로 마주치게 될 난관들을 생각의 힘으로 헤쳐나가길 바랐듯이, 부모님들 역시 철학함을 통해 삶의 커다란 짐들을 번쩍 들어올릴 생각 근육을 키우게 되시길 기대합니다.

생각하는 힘을 가진 부모와 함께 자란 아이는 합리적으로 판단하고 자기 의견을 분명하게 말할 줄 아는 어른으로 자라날 것입니다. 무엇보다 철학함이 몸에 밴 부모를 보고 배운 아이는 자기 자신만 생각하는 게 아니라 자신이 속한 사회와 공동체를 함께 볼 줄 아는 '도덕적 민감성'을 갖춘 어른으로 자라날 것입니다. 그런 점에서 철학은 이 시대, 부모와 아이 모두에게 가장 중요한 필수 과목이란 생각도 듭니다.

이 책이 여러분에게 가장 든든한 육아 동지가 되어줄 것이라 기대합니다.

이제, 함께 고민하고, 함께 사유하고, 함께 해결해 나가 볼까요?

2020년 매우 특별한 봄,
이화여대 철학연구소 철학교육실
'육아철학 프로젝트 팀' 드림

1장

아이 친구 관계에 얼마나 개입해야 할까

아리스토텔레스

에드문트 후설

마르쿠스 툴리우스 키케로

by 이영주

딸아이가 집에 돌아오자마자 소파에 엎드려 펑펑 운다.

가슴이 철컹거린다.

"왜? 왜? 왜 그러는 건데?"

"나, 애들한테 따당했어. 엉엉…."

"어제까지 잘 다녔잖아. 뭔 일 있었어?"

"흐흑… 그저께 효영이한테 '선호가 남자애들한테

여우 짓을 하더라. 재수 없다'고 했거든. 근데 효영이가

그 말을 선호한테 다 해버렸대."

"휴…. 너의 무리가 세 명이라 걱정된다 했더니. 근데

효영이 좀 이상한 애 아니니?"

친구끼리 뭐 뒷담화도 할 수 있는 거지. 친한 친구 사이에

그 말을 다 전할 게 뭐란 말인가. 효영이가 너무 괘씸하고

원망스럽다.

"엄마, 효영이 걔 진짜 개념 없어. 아무 때나 나대고."

딸아이는 효영이가 얼마나 나대는지를 쉬지 않고

이야기하기 시작했다. 그래, 효영이 너는 내 마음속에서

완전 아웃이다.

"너, 이제 효영이랑 놀지 마. 집에 데리고 오지도 마!"

"어? 그건 안 돼."

"왜? 너도 걔가 나쁘다며. 나쁜 애랑 놀면 너도 물들어."

"근데 효영인 우리 반에서 제일 잘나간단 말이야."

"그럼 어때? 이번엔 네가 걔를 먼저 버리는 거야."

"싫어, 그러다 걔가 날 진짜 버린단 말이야. 엄마는 몰라.
나만 따 될까 봐 무서워."

"네가 왜? 하나도 있고 소미도 있잖아, 그만 울고 학원
숙제나 해!"

"싫어!!"

"뭐? 뭐 그런 일로 울고불고 난리야?"

"그럼, 이게 울 일이지 나한테 뭐가 울 일이야. 친구
없으면 공부도 안 된단 말이야!!"

"……."

1.

아이에게 충분한
친구의 수는 몇 명?

인생에서 가장 즐거운 시간을 떠올려 보라 하면, 많은 사람들은 친구랑 땀 흘리며 신나게 놀고, 재잘재잘 수다 떨던 어린 시절이라고 말합니다. 학창 시절에는 특히 친구가 내 인생에서 가장 중요한 사람이란 생각이 들곤 합니다.

그래서일까요. 부모 입장에서는 우리 아이에게 친구가 너무 없어도, 또 너무 많아도 걱정입니다. 아이 입장에서도 친구가 없으면 슬프지만, 또 친구가 있다 해도 불안합니다. 지금 있는 이 친구가 언제 아이에게서 등을 돌릴지 모르기 때문입니다. 그렇다고 유치원에서나 학교에서 친구가 없으면 아이는 안정을 유지하기 어렵습니다. 무슨 일이 생겼을 때 내 편을 들어주고 문제가 생기면 같이 해결해 나갈 친구는 아이에게 생존의 핵심 요소에 가까우니까요.

생존 역량으로까지 불리는 '사회성'이란 능력을, 아이는 또래와의 관계를 통해 실습해 보고 여러 시행착오를 거치며 몸에 익힙니다. 성공과 실패, 만족과 불만족에 따른 기쁨, 슬픔, 질투, 외로움 등친구 관계에서 벌어지는 복잡 미묘한 감정을 통해 아이가 자라고, 우정도 자랍니다. 그렇기 때문에 또래 관계는 아이의 사회성과 정서 발달에 꼭 필요합니다.

무리의 숫자는 얼마가 좋을까

• • •

물론 지나친 걱정은 금물입니다. 부모가 뭘 어떻게 하지 않아도, 웬만하면 아이들은 저절로 무리를 지어 노니까요. 그런데 종종 무리가 몇 명인지는 중요할 때가 있습니다.

둘이면 단짝이 될 터, 하지만 둘 사이에 작은 갈등이라도 생길라치면 한 명이 큰 마음먹고 화해를 청하지 않는 이상 중재해 주는친구가 없어 그대로 어색한 사이가 되기 일쑤죠. 셋이면 놀 땐 좋지만 짝을 정하기 어렵고요. 그러면 네 명은? 2:2라서 안정적이지만, 어떤 문제가 벌어져 친구들이 3:1로 갈린다면? 그대로 한 명이 왕따가 되어버리기도 합니다.

무리가 더 커지면 어떨까요? 어느 순간 은밀히 따돌림당하는 아이, 즉 '은따'가 생기기도 합니다. 인간은 정말 사소한 것으로도 타인을 미워하고 소외시키는 경향이 있기에, 친한 친구라 해서 마음 놓을 수도 없습니다. 언제 당할까 불안하다고 해서 친한 친구와 의존적인 관계를 맺는 것은 더더욱 곤란하죠. 대등하지 않은 관계라면 한쪽은 '호구'입니다.

결국, 또래 무리에서 매직 넘버란 있을 수 없습니다. 이런 생리를 잘 아는 부모님은 점잖게 말합니다.

"무리 만들지 말고, 두루두루 잘 지내라."

문제는, 두루두루 잘 지내기가 더 어렵다는 것입니다. '두루두루 친구'는 아이 입장에서 내 편이 아닙니다. 아이들은 수시로, 문제에 따라, 기분에 따라 그냥 변하기 때문에, '두루두루 친구'와만 놀다 보면 언제고 혼자가 될 가능성이 큽니다.

친구와 우정에 대해 생각해 보는 시간

• • •

고대 그리스의 철학자 아리스토텔레스는 《니코마코스 윤리학*Ethika Nikomacheia*》 9권 10장에 '친구의 수'라고 아예 못을 박아놓고 이야기를 들려줍니다. 아니, 2,500여 년 전에도 친구의 숫자를 놓고, 그것도 철학자가 이야기를 했다는 것에 웃음이 픽 나옵니다. 그때나 지금이나 사는 모습은 다 같은가 봅니다.

아리스토텔레스는 우리 인생은 유한하므로, 자기 삶에 충분한 친구의 수보다 더 많은 친구를 사귀면 고귀한 삶을 사는 데 번거롭고 오히려 장애가 된다고 말합니다. 그렇다면 궁금하지 않을 수 없습니다. 바로, '자기 삶에 충분한 친구의 수가 대체 몇 명이냐'는 것이죠.

아리스토텔레스는 구체적인 숫자를 제시하는 대신, '신실한 친구'라는 조건을 내걸며 말을 이어갑니다. 그는 신실한 친구란 '또 다른 자기 자신'이라고까지 말합니다. 나 자신에게 그러하듯 친구를 존중하고 배려해야 한다는 것인데, 그러려면 너무 많은 친구들에게 (친구로서) 자신을 나누어주는 것은 불가능하니, 많은 수보다 함께 지내기에 충분한 친구의 수가 있는 것이 좋다는 것입니다.

신실한 친구와의 우정은 어떤 모습일지 한번 볼까요? 아리스토텔레스는 《수사학 *Techne Rhetorike*》 2권 4장에서 친구란 어떤 존재인지, 친구와의 관계를 어떻게 설정해야 할지 말합니다. 그중 하나는 친구에게 어려움이 있을 때는 친구가 부탁하지 않더라도 호의를 가지고 도움을 주어야 하며, 도와주고 나서도 공개하지 않아야 한다는 것입니다. 무언가 도움을 주고 나서 생색을 낸다면 그건 친구를 위해서가 아니라 자기가 칭찬받고 싶어서 한 것이기 때문이죠.

물론 아이에게 이렇게 생색내지 않는 신실한 친구를 골라서 사귀라고 코치하는 건 현실적으로 불가능합니다. 다만 친구에 대한 생각을 진지하게 해볼 필요는 있습니다. 그리고 이 생각을 아이와 나누는 것도 중요합니다. 친구는 사는 내내 우리를 즐겁게도, 슬프게도 하는 매우 소중한 존재인 만큼, 친구에 대한 특별한 의미를 되새기는 일은 장기적으로 친구를 보는 눈, 우정을 대하는 자세를 만들어줄 것이기 때문입니다.

아이가 친구가 없어 고민하거나 친구를 잃을까 불안해할 때, 친구와의 갈등을 버거워하거나 무리의 중심이 되고 싶다고 할 때, 과연 아이가 원하는 친구란 어떤 모습인지, 또 나는 친구에게 그런 사람인지 생각할 시간을 마련해 보는 건 어떨까요?

2. 자존심과 자존감의
거대한 차이

학년 초, 아이들에게는 '누구를 중심으로 모이고 어떤 무리에 들어가느냐'가 매우 중요한 문제입니다. 아이가 끼고 싶어 하는 무리를 보면 우리 아이가 어떤 아이인지 짐작해 볼 수 있습니다. 즉, 어울리고 싶어 하는 친구의 모습이 곧 우리 아이가 닮고 싶어 하는 모습이라고 볼 수 있는 것입니다.

친구 사이의 권력 관계
. . .

대부분의 아이들은 호감 가는 외모를 갖고 있거나 사회성이 좋고 배려를 잘하는 친구 혹은 카리스마 넘치고 리더십 있는 친구를 좋아합니다. 이런 아이를 요즘 말로 '핵인싸(인사이더 중 가장 리더격인 사람)'라고 부르는데요. 이 아이들 주변에는 핵인싸 무리에 들어가고 싶어 하는 지망생들이 확 몰리기도 한답니다. 혹시나 하고 기회를 엿보는 것이죠.

이 '핵인싸' 무리 지망생들은 일단 무리에 속하기만 하면 자기도 다른 아이들의 선망을 받을 것이고, 학교생활은 더욱 즐거워질 거라고 기대합니다. 다른 친구들에게 멋지게 보이고 싶고 인정받고 싶은 열망이 크게 작용하는 셈입니다.

그러면 부모님은 또 생각합니다. 우리 아이는 공부도 잘하고 집에서 충분히 인정도 받고 있으니, 굳이 그런 무리에 끼지 않아도 된다고. 현실은 절대 그렇지 않습니다. 아이가 받고 싶은 인정은 친구들에 의한 인정입니다. 교사나 부모의 인정을 받는 아이는 그리 매력적이지 않습니다. 부모가 아이에게 모범생 친구를 사귀라고 귀에 딱지 않도록 말해봤자 소용없는 이유입니다. 아이의 속마음은 이렇습니다.

'그 친구가 공부 잘하는 건 인정! 하지만 나는 걔랑 놀고 싶지 않아!'

친구 관계는 가족 관계와 엄연히 다릅니다. 가족 관계에서는 사랑이 수직적으로 흐릅니다. 아버지가 딸에게, 엄마가 아들에게, 조부모가 손주에게…. 그러나 친구 관계는 평등하고 상호적이기 때문에 수평적인 관계가 되지 않으면 진짜 친구가 되기 어렵습니다. 무조건적으로 내 성질을 맞춰주는 친구? 내가 하자는 대로 따라오는 친구? 내 맘 같이 행동하는 친구? 기대할 수 없습니다. 기대하는 사람이 문제인 거죠.

그런데 어떤 아이는 왜 자꾸 친구에게 기대하고 또 어떤 친구는 이런 말도 안 되는 기대에 부응하는 것일까요? 친구 사이에 있어선 안 되는 일종의 권력 관계가 만들어졌기 때문이죠. 다 그렇지는 않겠지만, 일부 '핵인싸'는 자신의 인기와 친구들의 인정을 지속시키고 싶어 합니다. 그래서 자꾸 세를 확장하거나 무리 진입의 문을 좁게 만들어 무리 지망생들의 마음을 더욱 조바심 나게 만듭니다. 지망생들의 조바심이 커지면 커질수록 '핵인싸'의 입김은 세지고 지망생들의 경쟁은 더 치열해집니다.

자존심은 자존감과 어떻게 다를까

• • •

'인싸' 지망생들이 무리 안으로 들어가려고 그렇게 애를 쓰는 이유는 앞서 말했듯이 일차적으로 친구들에게 인정받고, 인기를 얻고 싶어서일 것입니다. 하지만 더 깊은 속마음을 들여다보면 집에서, 학교에서, 학원에서, 친구 관계로 손상된 자존심을 보충해 줄 무언가를 찾기 때문임을 알 수 있죠. 그 무언가가 바로 '인싸' 무리라고 할 수 있고요.

　자존심과 자존감은 다릅니다. 자존심과 자존감에는 둘 다 한자인 자존自尊이 들어가서인지 두 말은 종종 '자기를 존중하는 마음'이란 비슷한 뜻으로 읽힙니다. 그러나 알고 보면 그렇지 않습니다.

　자존심은 타인의 인정과 불인정, 승인과 불승인의 차원으로 이해되어야 합니다. 타인에게 인정받아야 하는데 못 받을 때 흔히 "자존심 상한다" "자존심 구겨진다"라고 표현하죠. 타인의 눈을 더 중요하게 여기다 보니 혹시 '내가 틀렸을지도 모른다'라고 하는 오류 가능성을 회피하거나 무시해 버리는 것입니다. 그래서 쉽사리 자기 잘못을 인정하지 못하고, 어쩔 수 없이 인정해야만 할 때는 자존심이 무척 상해 화를 내게 됩니다.

　자존심으로 똘똘 뭉친 무리는 자칫 위험할 수도 있습니다. 타 집단과의 비교를 통해 우위를 점하려고 자꾸 문제를 일으킬 가능성이 있기 때문입니다. 자존심은 시기와 질투, 힘의 과시에 유혹당하기 쉽거든요.

　이와 달리, 자존감은 남의 인정보다는 자기 스스로 자신을 사랑하고 인정할 때 생겨나는 마음입니다. 타인의 시선이라든지 타인과의 비교와는 관계가 없죠. 때문에 자존감이 높은 사람은 자기 오류 가능성을 유연하게 인정하고 틀렸을 때는 잘못을 사과할 뿐 아니라 그 오류를 고쳐가려고 노력합니다. 불완전한 자신을 고쳐가려는 자세야말로 진정으로 자신을 사랑하는 데서 나오는 것입니다.

자존감은 아이를 키우는 부모에게는 무척이나 중요한 능력이자 자질입니다. 자존감이 낮고 타인의 평판을 중요하게 여기는 부모는 행복감을 잘 느끼지 못할뿐더러 늘 불안하기까지 합니다. 기준이 남에게 있으니 자기만족이라는 게 있을 수 없죠. 또 뭐든 남을 신경 써야 하니 얼마나 피곤할까요. 그래서 자주 우울하고 가슴에 늘 존재하는 불안과 화를 다스리느라 종종 무미건조한 표정으로 살아가기 십상입니다. 그런 무표정으로 아이를 대할 경우, 아이는 매일 영문도 모른 채 언제 부모님이 폭발할까 전전긍긍하며 가슴에 불안을 안고 살게 됩니다.

그렇지만 자존감 높은 양육자는 아이에게 심리적 안정을 줍니다. 우리 아이를 옆집 아이와 비교하여 "이런 너랑 누가 친구를 하려고 하겠니?"라든가 "뭘 잘했다고 징징거려! 그냥 걔가 해달라는 대로 해!"와 같은 말을 함부로 하지 않습니다. 자신의 비교 대상은 오직 자기 자신이라는 것을 알기 때문입니다. 부모가 평소 어떻게 행동하고 말하느냐는 아이 자존감에 지대한 영향을 끼칩니다. 유전자만큼은 아니더라도 아이에게 재산처럼 물려주게 되는 게 바로 자존감이죠.

그렇다면 부모도 자신의 자존감을 생각해 봐야 합니다. 물려받은 자존감이 어떤지, 내가 살면서 생성해 낸 자존감은 있는지, 현재 자존감이 낮은 수준이라면 어떻게 나를 사랑할 수 있는지. 또한 아이에게도 이런 자존감에 대해 설명해 주면서, 특히 자존심과 자존감의 차이를 차분히 들려줄 필요가 있습니다.

아이들은 우리 생각만큼 어리지 않습니다. 아이가 금세 변화되지 않더라도, 어떤 사실을 인지하는 그 순간부터 아이의 행동은 조금씩 바뀌어갈 것입니다.

3.

아이의 친구 문제를
슬기롭게 대하는 법

아이가 집에 와서 친구와의 문제로 우는 모습을 보면 어떤 기분이 들까요? 아마 속상하지 않을 부모가 없을 것입니다.

그럴 땐 도대체 무슨 일 때문에 그런 거냐고 아이를 다그치기에 앞서 우선 아이 편이 되어주어야 합니다. 아이가 흥분한 데다 마음까지 상해 있는 상태인데, 거기에 부모까지 보태기를 할 수는 없으니까요. 그렇게 아이에게 공감해 주고 속상한 마음을 나눈 후, 아이가 좀 잠잠해지면 사건을 분명하게 간추려 보는 것이 사태 해결에 도움이 됩니다.

사건 정리해 보기

· · ·

앞서 등장한 에피소드 속 문제를 해결하기 위해 아이 말에 따라 사건을 간추려 보겠습니다.

1. 우리 아이는 선호가 눈꼴사나웠다. 선호가 남자애들한테 여우 짓을 했기 때문이다.
2. 아이가 본 일을 단짝 친구인 효영이에게 말하고 선호의 흉을 봤다.
3. 효영이는 같은 단짝 무리인 선호에게 그 말을 전했다.
4. 그 일로 선호는 우리 아이를 따돌렸다.

이 사건에 대한 어머니와 딸의 대화를 통해 유추할 수 있는 엄마의 생각은,

1. 친구에 대해 이러쿵저러쿵하는 것은 흔히 있을 수 있는 일이다. → 전제
2. 문제는, 그 말을 아이 단짝인 효영이가 선호한테 말해버린 것이다. → 사실1
3. 선호가 뒷담화의 앙갚음으로 우리 아이를 왕따시켰다. → 사실2
4. 효영이가 선호에게 고자질을 했다. 아이 단짝이라 생각했는데 배신감이 든다. → 엄마 소결론: 단짝 친구를 고자질한 것은 배신이다.
5. 효영이는 평소 개념도 없고 아무 때나 나댄다. → 보증: 딸의 증언
6. 효영이는 나쁜 애다. → 보증을 통한 소결론 지지 및 확정

7. 나쁜 효영이와 우리 아이는 친구 사이가 될 수 없다. → 대결론

에피소드에 나오는 어머니와 딸은 이 일의 근본 원인을 효영이의 고자질로 보고 있습니다. 그렇지만, 사실 이 일의 발단은 아이의 친구 뒷담화였죠. 친한 친구가 고자질을 하면 안 된다는 엄마의 생각을 그대로 따른다면, 아이가 친한 친구의 뒷담화를 한 것도 문제가 될 수 있습니다. 더군다나 '효영이는 개념도 없고 아무 때나 나댄다'로 말하는 아이 입장에서 나온 보증이어서, 어느 정도 신뢰할 수 있을지도 의문입니다. 이런 상황에서 엄마가 효영이를 나쁜 애로 규정지으며 놀지 말라고 하는 것은 '효영이는 나쁜 애, 우리 애는 착한 애'로 나누는 흑백 논리, '나쁜 아이랑 사귀면 우리 아이도 물든다'고 하는 일반화의 오류를 범하는 셈입니다.

게다가 엄마가 생각한 전제, 즉 '친구에 대해 이러쿵저러쿵하는 것은 있을 수 있는 일'이라고 생각한 것은 아이들 사이에 통용될 수 없는 논리입니다. 소위 '친한 척하면서 뒤통수치는 행위'로 볼 수 있으니까요. 사실 이것은 아이들에게만 해당되는 이야기는 아닙니다. 아무리 어른이라도 나랑 친하게 지내던 사람이 뒤에서 다른 사람에게 내 욕을 했단 이야기를 들으면 무척 기분이 상할 수밖에 없습니다. 뒤통수 맞았단 생각이 절로 들게 되죠.

아이의 친구 관계 문제는 또래의 문화와 밀접한 관련이 있습니다. 따라서 아이와 친구들 사이의 평소 관계가 어떤 양상인지 잘 살

피고, 그다음에는 문제를 비판적으로 잘 들여다볼 필요가 있습니다. 물론 인과 관계를 따져 사건을 정확히 파악하는 것이 골치 아프게 느껴질 수도 있을 겁니다. 하지만 문제를 정확히 판단해 해결하려는 자세는 근본적인 해법을 찾는 가장 확실한 첫걸음입니다. 사건의 진상을 파악하고 문제를 해결하는 부모의 태도와 능력을 보면서 아이는 부모를 신뢰하게 되는 것은 물론, 그런 부모의 장점을 배우려고도 할 것이고요.

편견 앞에서 판단 중지

• • •

엄마는 속상해서 우는 아이 말을 듣고서도 아이 마음을 잘 헤아려주지 않습니다. 오히려 흥분해선 친구 효영이에 대해 잘 알지도 못하면서 딸더러 효영이랑 놀지 말라고 하는 실수를 저지릅니다. "걔랑 놀지 마!"란 엄마의 말 속에는 엄마의 판단, 즉 "효영이는 나쁘다"가 들어 있습니다. 엄마가 이런 판단을 내리기까지는 엄마의 실제 경험과 엄마가 듣고 보고 읽었던 경험 들이 작동했을 것입니다. 바꿔 말하면, 한 사람의 판단은 그 사람의 경험과 지식 범위 내에서 내려지는 것이어서 100퍼센트 객관성을 갖기 어렵습니다. 말끝마다 "객관적으로"라는 말을 쓰는 이들도 있는데, 안타깝게도 이들 중 누구도 순수 객관을 갖기는 힘든 게 현실입니다.

엄마가 효영이를 나쁜 애라고 단정하게 된 데는 효영이가 고자질을 했다는 게 결정적인 영향을 미쳤습니다. 그런데 한번 생각해보자고요. 고자질은 '객관적으로' 나쁜 것일까요? 고자질은 제삼자에게 타인의 부정하거나 은밀한 부분을 몰래 알려주는 행위를 일컫는다는 점에서 의미 자체는 부정적이긴 합니다. 그러나 이는 다른 측면에서 보면 첩보 활동이나 정보 교환, 동향 보고, 수사, 자료 조사 등과도 비슷한 부분이 있습니다. 즉, 효영이가 어떤 의도로 그런 고자질을 했는지에 따라 효영이의 행동을 다르게 볼 수도 있다는 것입니다. 하지만 현재 드러난 엄마와 딸의 대화만 보고서는 효영이의 의도를 파악할 수 없습니다.

사건의 진상을 알려면 편견으로부터 거리를 두어 투명성을 확보해야 한다고, 독일의 철학자 에드문트 후설Edmund Husserl은 말합니다. 어떻게 그럴 수 있을까요? 후설은 어떤 문제를 판단해야 할 때 기존에 가지고 있었던 편견, 관성적 사고를 괄호에 넣고 잠시 판단을 멈추라고 제안합니다. 문제를 문제 그 자체로만 봐야지, 다른 것(지위, 권력, 관계, 편견 등)이 끼어들면 문제의 본질로 들어갈 수 없기때문입니다.

이런 판단 중지를 '에포케epoche(후설의 현상학 용어로, 어떤 사태에 대한 일상적인 판단을 잠시 멈추고 순수 체험으로 들어가 사태의 본질을 파악하려는 판단 중지의 상태)'라고 합니다. 일반적으로, 우리는 어떤 말을 들으면 그에 대한 반응을 즉각적으로 합니다. 그러다 보면 반응이 빠른 만큼 실수도 많이 하고 오류도 잘 일어나죠. 에포케는 그런 오류를 줄여줍니다.

편견에 괄호를 치고 나면

• • •

'효영이는 고자질을 했다'와 '고자질은 나쁘다'를 괄호 속에 놓고 잠시 효영이에 대한 판단, 고자질에 대한 판단을 중지해 봅시다. 효영이가 한 행위를 나열해 볼까요?

> 1. 효영이가 선호에게 우리 아이로부터 들은 이야기를 전했다.
> 2. 선호가 남자애들한테 여우 짓을 한다는 이야기였다.
> 3. 효영이와 선호가 자기를 따돌렸다고, 우리 아이가 말한다.

이렇게 어떤 현상을 세밀하게 관찰하고 기술해 현상 밑에 있는 본질을 파악하는 것이 '후설의 현상학적 방법'입니다.

후설은 인간의 오감과 이성은 순수 객관을 가질 수 없으며, 대부분의 상황에서 주관적일 수밖에 없다고 말합니다. 객관이 없다는 것은 우리를 불안하게 합니다. 내가 하는 일이 객관적으로 옳지 않다면 문제가 생길 가능성이 크니까요.

나 혼자인 주관이 아닌 나란 주관과 너란 주관 사이, 즉 '사이간間'을 붙여 만든 '간주관성'은 너와 내가 공통적으로 갖는 생각을 말합니다. 간주관성으로 인해 어떤 문제에 대해 공감이 생기는 것이죠.

이를 개인을 넘어 공동체나 사회로 확대해 적용해 볼게요. 우리에게는 여러 개의 주관이 있고 거기서 도출된 의견을 여럿이 공통적으로 가질 때 이를 객관성에 가깝다고 믿어 객관적 의견이라고 부릅니다. 이 객관적 의견에 따라 우리는 불안해하지 않고 옳다고 믿는 바를 행동에 옮길 수 있는 것입니다. 우리나라에서 2008년부터 시행하는 '국민참여 재판제도'는 바로 이런 간주관성에 바탕을 둡니다. 무작위로 뽑힌 배심원들이 형사재판에 참여해 유·무죄를 판단하고 적정한 형을 토의하는 이 제도는 배심원들이 내린 판단이 공동 주관, 즉 객관에 가까이 다가가 있음을 전제로 합니다.

후설의 현상학적 판단 중지는 부모가 반드시 기억해야 할 양육의 좋은 팁이라고 할 수 있습니다. 아이를 키우다 보면, 아이로 인해 벌어지는 이런저런 일들로 하루에도 여러 번 감정의 롤러코스터를 타게 마련입니다. 이때 내 앞에 벌어진 일에 대해 즉각적으로 반응하지 않고 괄호 치기를 해보세요. 잠시, 편견일 수도 있는 다분히 주관적인 판단을 중지하고 나면, 보다 신중한 판단을 내릴 수 있게 됩니다. 배우자나 친구에게 조언을 구해 간주관성을 획득할 수도 있고요. 이런 태도는 아이를 키우는 데도 그렇지만, 사회생활을 할 때도 매우 도움이 됩니다.

좀 더 심각한 갈등 상황일 때

• • •

고대 로마 철학자이자 웅변가인 마르쿠스 툴리우스 키케로Marcus Tullius Cicero는 우정은 돈으로도 살 수 없다고 했습니다. 요즘 같은 시대에는 우정도 돈으로 살 수 있다고 우기는 이도 있을 수 있지만, 이해관계가 얽힌 친구 사이에서는 진실한 우정을 나누기 어렵다는 사실만큼은 누구나 인정할 수 있을 것입니다. 키케로는 또한 우정이란 악이 아니라 좋음, 선에 도움이 되어야 하고, 진실을 말할 수 있어야 한다고 지적합니다. 그래서 경우에 따라서는 관계가 단절되어야 한다고도 하죠. 그 어떤 경우가 바로 악, 범죄, 분명한 일탈일 것입니다.

앞의 에피소드는 아이들 사이에서 일어날 수 있는 비교적 가벼운 갈등을 다루고 있는데요. 좀 더 심각한 경우, 그러니까 악, 범죄, 분명한 일탈이 있을 때라면 어떨까요. 아이의 친구가 반복적으로 문제를 일으키거나 학교 폭력과 같은 객관적인 잘못을 저지른 게 명백하다면, 부모가 전략적으로 개입할 수밖에 없습니다. 아이에게는 친구를 위해 때때로 무모한 고통도 감수하려는 심리적 경향이 있어서, 자칫하면 우리 아이가 또래 친구들이 하는 잘못에 연루될 수도 있기 때문이죠. 더군다나 자존감이 제대로 형성되지 않은 아이라면, 언제고 떠날 수 있는 친구에게 우정을 입증하기 위해 헌신함으로써 불안한 우정을 붙잡아 두려고 할지도 모릅니다. 어른이

보기에는 너무 어처구니없지만요.

이럴 때는 관계를 끊어야 합니다. 관계는 맺기도 어렵지만 끊는 것은 더 어렵습니다. 이때도 부모는 무조건 아이에게 그 친구와 놀지 말라고 종용할 게 아니라, 상황을 사리에 맞게 판단하고 아이를 배려해 문제를 해결하는 모습을 보여줄 필요가 있습니다. 특히나 친구 관계에는 원칙이 필요합니다.

원래 관계는 무원칙이 원칙처럼 통용되죠. 그러다 보면 이 사람은 이렇게, 저 사람은 저렇게 판단하고 대합니다. 좋게 말해 융통성을 발휘하는 것인데, 보통 이런 융통성은 좋은 관계를 만들고 내게 인간성 좋다는 칭찬을 선사합니다. 그러나 친구 관계를 절연해야 하는 큰 문제는 그렇게 해결할 수 없기에, 아이와 상의해 두세 가지 원칙을 정하는 것이 좋습니다. 이를테면, '친구가 돈을 뺏거나 빌려가서 안 갚는 경우, 대등한 친구 관계를 지속할 수 없으므로 친구 관계를 끊는다'와 같은 진술문을 만들어놓는 것이죠.

물론 아이가 그 친구와 관계를 끊음으로써 학교 폭력을 당한다든지 하는 최악의 사태가 오지 말란 법은 없습니다. 이때는 관련 기관의 도움을 받아야 할 것입니다. 하지만 그렇다 하더라도 아이가 그 친구와의 관계를 지속하게 두는 것은 여전히 답이 아닙니다. 이러한 최악의 경우가 아니라면, 대부분 아이들은 스스로 정한 원칙에 어긋나는 상황이 발생했을 때 좀 더 흔들리지 않고 의연하게 대처할 수 있습니다.

4.

후시딘 맘이
되고 싶더라도

         친구 관계가 아무리 미묘하고 복잡하더라도, 아이에게 친구 없는 학교는 무덤과도 같습니다. 이런 친구 관계에 대한 욕구를 배고픔과 같은 정도의 욕구, 인간이 살아가는 데 필수 불가결한 사회적 욕구라고까지 보는 사회신경학자도 있으니까요. 그러니, 아이에게 한 학년을 외로움 속에서 보내는 것만큼 끔찍한 일은 없겠죠.

  배우자를 고를 때 "이 사람 저 사람 다 사귀어보고 결정하라"라는 조언을 들어본 적 있을 겁니다. 사람 보는 눈을 기르라는 말인데, 배우자뿐 아니라 친구도 마찬가지입니다. 친구도 이런 친구, 저런 친구 사귀어봐야 자기에게 맞는 친구, 우정을 지속시킬 수 있는 친구를 알아볼 수 있습니다. 즉 사람 보는 안목은 타고나는 것이 아니라 경험으로 길러지는 것이죠. 이렇게 보면 친구와의 관계에서 배신의 상처, 외로움의 상처 등을 경험한 것이 사회에 나오기 전 맞는 일종의 예방주사다 싶어 마음이 좀 편해집니다.

마마보이, 파파걸은 멀리 있지 않다

• • •

그러나 막상 아이가 학교에서 갈등을 겪고 돌아올 때면, 가슴이 쿵 내려앉는 느낌이 드는 건 어쩔 수 없습니다. 부모는 무슨 죄라도 지은 것처럼 아이가 초등학교 입학, 새 학년 새 학기, 중·고등학교 입학, 대학 입시 등 중요한 생애 사건을 앞둘 때마다 마음을 졸이곤 합니다. 물론 그 안에는 설렘도 있지만, 아마 그 설렘의 100배 크기만큼 불안한 것도 사실입니다.

'공부 못 따라가면 어쩌지?' '눈치 없이 떠들다 찍히면 어쩌지?' '친구가 없으면 어쩌지?' '쓸데없이 친구가 많아져서 공부를 안 하면 어쩌지?' '친구한테 왕따당하면 어쩌지?' '이성 친구 만들어서 놀기만 하면 어쩌지?

오만 가지 새로운 불안과 걱정이 끊이질 않는 부모는 "어쩌지?"를 입에 달고 삽니다. 이 모든 것을 부모가 다 대신해 주고, 해결해 줄 수 있다고 생각하면 큰 오산입니다.

부모가 나서서 친구도 만들어주고 갈등도 해결해 주면 아이는 참 좋겠죠. 하지만 그 과정에서 아이는 뭘 실패하고 뭘 배울 수 있을까요? 부모님 말이 다 맞다고 여기면서 자기 생각을 아예 하지도 못하거나, 했다 해도 머릿속에서 알아서 제거할지 모릅니다. 게다가 아이도 머리가 커갈수록 자기 문제에 부모가 개입하는 것을 크게 달가워하지 않을 것입니다.

　마마보이, 파파걸은 만들어지는 것이지 타고나는 것이 아닙니다. 남의 집 일만도 아니고요. 대학을 가도, 직장을 가도, 심지어 결혼을 해도 엄마 아빠에게 의견을 묻고 해결해 달라는 사람, 생각보다 가까이에 많이 있습니다. 영원히 독립하지 못하는 성인인 셈이죠.

　어떤 상처도 다 치료해 주고 나쁜 균까지 다 막아줄 수 있는 이른바 '후시딘 맘'은 존재할 수도, 존재해서도 안 됩니다. 아이는 부모 없는 세상에서도 꿋꿋하게 독립적으로 살아가야 하기 때문입니다.

부모가 줄 수 있는 최고의 선물

• • •

제가 아는 분의 아들은 사춘기를 아주 심하게 앓았습니다. 엄마 얼굴을 쳐다보지도 않았고, 뭐든 제멋대로 행동했으며, 기본적으로 해야 할 일도 막무가내로 거부하기 일쑤였습니다. 그 아이의 엄마는 세상이 끝난 듯 매일이 지옥 같은 삶의 연속이라고 했습니다. 엄마도 무기력에 빠졌고 아이는 친구와의 세상 속으로 들어가 버렸습니다. 그러다 일이 생겨 멀리 이사를 가게 되었는데, 아이가 전학을 강력히 거부하는 바람에 한 시간가량 전철 통학을 하게 되었습니다. 이 엄마는 아이가 다니던 학교에 계속 다니는 것을 허락하는 대신, 엄마와 함께 한 학기를 다니자고 했습니다.

이제부터 아이와 엄마가 한 시간 동안 지하철을 함께 타고 학교에 가는 풍경이 펼쳐집니다. 처음엔 어색하기만 해서 둘 다 조용히 서서 갔고, 그러다 자리가 생기면 엄마더러 앉으라고 하고 아이는 멀찌감치 서 있더랍니다. 또 어느 날은 나란히 앉았지만 서로 잠만 잤고, 그러다 내릴 곳을 지나쳐 둘 다 뛰다가 어색하게 웃기도 했답니다. 두 달쯤 지나자, 아이는 어쩔 수 없이 엄마를 한 시간 동행인으로 인정했습니다. 그러고는 준비물 사달라는 이야기, 용돈 올려달라는 이야기를 슬슬 꺼내더니, 어느 날부터는 담임 선생님의 부당함을 호소하기도 했습니다. 석 달쯤 되니 학교에서 있었던 몇 가지 특이한 일을 이야기했고 간혹 눈이 마주치면 희미하게나마 웃기도 했고요. 넉 달쯤부터는 아이가 엄마랑 지하철을 타고 가는 내내 이런저런 이야기를 활발히 하게 되었고, 그다음은 상상하시는 대로 훈훈한 결말을 맞았습니다.

"어쩌지?"를 연발하며 불안에 떨기만 하는 건 아무 소용없습니다. 차라리 아이랑 아무 말 없이 카페에서 맛난 아이스크림 하나 먹는 시간, 아이가 좋아하는 옷 사러 같이 가서 조용히 아이 뒤를 따라다니며 보내는 시간이 중요합니다. 말하기 싫어하는 아이에게 억지로 말을 걸고 꼬치꼬치 캐묻다 서로 싸우는 일이 많은데요. 말도 하기 싫어하는 애한테 자꾸 말하라고 하고, 걱정된다며 자기 하고 싶은 말만 쏟아내다 보면 훈훈한 결말은 점점 멀어지고 말 겁니다.

아이는 지금 마음이 몹시 시끄러울 거예요. 시끄러워하는 아이 마음을 치료하겠다고 후시딘을 잔뜩 발라주는 건 결코 아이에게 도움이 되질 않습니다. 조금 느리더라도 천천히 아이가 스스로 자신의 상처를 치유할 수 있도록 옆에 있어주고 기다려주는 것. 그러다 도움을 청했을 때 감정적으로 반응하지 않고 분별력 있는 조언을 들려주는 것. 부모가 아이에게 줄 수 있는 최고의 선물은 이것이 아닐까요?

대화로 철학하기

〈 나에게 던지는 질문 〉

내가 좋아하는 친구는 어떤 성품을 가졌는가?
나도 그 친구에게 그렇게 좋은 친구일까?

친구 관계에서 '적어도 이것만은 꼭 지켜야 해!'
라고 할 수 있는 원칙이 있는가?

아이가 친구의 필요성을 느끼지 못한다면 그 까닭은 무엇일까?
혹시 아이가 부모처럼 무조건적인 수용적 관계를 더 좋아하고,
서로 주고받아야 하는 관계를 불편해하는 것은 아닐까?

나는 친구랑 무엇을 했을 때 행복했나?
아이가 친구랑 나처럼 그런 활동을 할 수 있도록 허용할 수 있을까?

〈 아이에게 던지는 질문 〉

친구끼리 지켜야 하는 예의가 있을까?

친구라면 적어도 어떤 일은 하지 말아야 할까?

친구 숫자가 더 중요할까, 관계의 깊이가 더 중요할까?

내게 맞는, 오래가는 친구를 사귀려면
친구를 사귈 때 어떤 점을 가장 중요하게 보아야 할까?

2장

나는 아이를
잘 교육하고 있나

공자

장 자크 루소

존 듀이

by 박현주

아들은 한마디도 하지 않고 방으로 들어간다.

밝고 명랑했던 아이, 하나를 가르치면 열을 알던 총명한 아이가 갈수록 이상해진다. 무엇이 부족해서? 좋은 아빠가 되려고 그렇게 노력했는데, 내 아이가 왜…. 아이를 미워하는 나 자신을 인지하며 등줄기가 서늘해짐을 느낀다. 아이가 처음으로 눈을 마주치고 싱긋 미소를 지었을 때, 어설픈 발음으로 "빠빠"라고 불렀을 때, 나는 얼마나 행복했던가. 그때를 회상하니 지금의 아들이 더 원망스럽다. 공부해야 하는 시기가 왔고, 공부를 잘할 수 있도록 돌봤다. 성적을 높여 아이 자존감도 지켜주고, 스스로 살아갈 능력도 키워주고 싶었다. 그런데 결과는 처참했다. 아빠를 무시하고 조금도 생각할 줄 모르는 아들. 무엇이, 언제부터, 어떻게 잘못된 건지 혼란스럽다.

다음 날 아침, 전날의 회식으로 부스스한 아내는 북엇국을 먹으며 한마디도 하지 않는다. 도대체 아내는 아이에게 조금이라도 관심이 있는 걸까? 순간 화가

치밀어 아들 성적표를 식탁에 던졌다.

"이래서 어디 대학 근처에나 가겠어?"

아내는 탁 소리를 내며 숟가락을 내려놓고는 지지 않고
소리친다.

"그만 좀 해! 당신은 영재 성적밖에 안 보여? 애한테
다른 쪽으로 신경 좀 쓰라고. 애가 점점 어두워지잖아!"

"아니, 애가 어두워지는 게 내 탓이라는 거야?"

그때 아들이 방에서 나오더니 밥도 먹지 않고 학교에
가려고 현관에서 신발을 신는다.

"야, 아침밥은 먹고 가. 뭘 잘했다고 성질을 부려?"

아들은 묵묵히 그냥 나가버린다.

"당신이 애를 혼내지는 않고 날 몰아세우니까 쟤가 더
기가 살아서 저러잖아."

아내는 언제나 선한 역할만 하려고 한다. 부모라면
아이에게 인생이 얼마나 험난한 것인지, 이 치열한 경쟁
사회에서 살아남기 위해 뭐가 필요한지 똑똑히 알게
해줘야 하지 않나? 생각할수록 답답하다.

1.

어떻게 키워야
잘 키우는 걸까

                영재의 성적이 떨어지는 것을 보며 답답해하던 영재 아빠는 아내에게 화를 내며 동조를 구합니다. 하지만 오히려 영재 엄마는 아이의 변화에 대해 남편 탓을 합니다.

아이의 교육 문제를 두고 부부간에 다툼이 생기는 것은 너무도 당연한 일입니다. 교육 문제에는 많은 요소들이 내재되어 있기 때문이죠. 영재 아빠는 무조건 아이를 대학에 보내야 한다는 신념이 확고합니다. 수능이 국가적 차원의 행사로 간주되는 우리나라의 교육 현실을 생각할 때, 무조건 영재 아빠가 극성스럽다고 하기는 어려울 것입니다.

능력 계발이냐, 정서적 안정이냐, 인성 교육이냐

• • •

그런데 왜 굳이 학원을 보내서라도 대학은 꼭 가야 한다는 생각을 가진 부모들이 이렇게나 많은 걸까요? 대학을 보낼 필요가 없다는 말을 하려는 건 아닙니다. 모든 선택에는 나름의 이유가 있게 마련이니, 너무나 당연해서 이유조차 묻지 않았던 것에 대해 질문을 해보자는 것입니다.

대학 진학뿐만이 아닙니다. 대학까지는 좀 멀게 느껴지는 초등학생들도 영어, 수학, 과학, 논술, 제2외국어, 음악, 미술, 체육까지 다양한 과목의 학원들을 다니면서 학업에 매진하는 게 현실입니다. 이런 상황을 감안하면, 아이를 제대로 키운다는 것은 아이가 가진 능력을 최대치로 발휘할 수 있게 해주는 것 아닐까 싶기도 합니다.

그렇다면 우리는 또 질문할 수 있습니다. 아이를 잘 키우는 것은 아이가 가진 능력을 최대한 발휘하게 해주는 것, 부모의 역할은 아이의 능력을 극대화시키는 것일까요?

그렇게 볼 수도 있을 것입니다. 그래서 시중에는 유아기부터 부모가 직접 아이에게 영어를 가르치는 법, 아이에게 독서 교육 하는 법, 입시 성공 전략을 위한 부모 역할 가이드 등 아이의 학습 능력을 키우는 책들이 인기를 끌고 있는 것이겠죠. 그런 책들을 보면 과연 이 사회에는 1등만 존재하는 것인가, 그것이 가능하기는 한 건가 하는 회의적인 생각도 듭니다. 어쨌든 1등을 목표로 아이들을 부지런히 공부시켜야 한다는 인식이 사회 전반에 널리 퍼져 있는 것만큼은 확실해 보입니다.

반면 어떤 사람들은 능력의 극대화보다는 행복에 초점을 맞춰 아이의 정서적인 안정과 자존감을 우선시하기도, 어떤 사람들은 인성 교육의 필요성을 역설하기도 합니다. 대화에서 잘 드러나진 않지만, 영재 엄마도 아이 성적보다는 정서적인 면에 더 신경을 쓰는 듯 보입니다. 그렇다고 아이 행복에 충분히 관심을 기울이는 것까진 아닌 듯합니다.

부모 스스로 질문을 던질 때

• • •

한편, 능력 계발이든 정서적 안정이든 인성 교육이든 양육 목표를 확실히 정한 부모라 해도 그 목표를 달성하기 위한 방법은 각자 다 다르게 마련입니다.

여러 가지 방법 중 어떤 것이 가장 효과적일지 예측하고 선택하기가 쉽지 않죠. 최신 교육 정보와 자료 들을 신속하게 수집하고 아이 주변을 맴돌면서 하나부터 열까지 모두 다 챙겨주는 일명 '헬리콥터 맘'을 보면 나의 노력 부족으로 우리 아이가 피해를 보는 건 아닌가 하는 불안감이 느껴집니다. 아이가 감당하기 어려운 일들에만 관여하면서 다른 것들은 아이 스스로 해결해 나갈 수 있게 지켜

보는 '빗자루 맘'을 보면 나도 과연 그렇게 의연하게 대처할 수 있을지 자신감이 사라지기도 하고요.

하지만 아이 교육에 있어 정답이라고 할 수 있는 게 과연 있긴 할까요? 스파르타식 교육, 아테네식 교육, 유대인식 교육 등은 참조가 될 순 있겠지만, 현재 대한민국에서 아이를 키우며 살아가는 우리에게 딱 맞는 정답이 될 수는 없습니다.

그렇다면 어떻게 해야 할까요? 철학교육적 관점에서 볼 때 이 문제를 해결하려면 부모가 스스로 '과연 어떻게 키우는 것이 아이를 잘 키우는 것인가?'라는 질문을 던지는 데서 출발해야 합니다. 아무리 훌륭한 교육 이론이 있다 해도 아이를 잘 키우고 싶은 마음에서 우러나오는 질문이 없다면, 그 이론은 그저 정보를 제공하는 활자들에 불과할 테니까요. 지금부터 만나볼 교육에 대한 철학자들의 견해는 진지한 고민에서 우러나오는 질문에 대한 답을 찾는 데 하나의 길을 보여줄 것입니다. 어떤 길들이 있을지 따라가 보겠습니다.

2.

인간의 선한 본성을
되찾는 여정

서양철학에서 대표적인 교육서로 뽑는 것이 장 자크 루소Jean Jacques Rousseau의 《에밀Emile》입니다. 《에밀》은 가상의 고아 주인공 에밀을 교육하는 이야기인데, 루소는 그 책에서 출생부터 성년기에 이르기까지 인간의 본능적인 성향과 그것을 통제할 수 있는 이성적인 능력을 어떻게 활용해야 아이를 자유로운 인간으로 성장시킬 수 있는지 설명합니다.

자연주의자인 루소는 "자연으로 돌아가라"는 명언을 남겼습니다. 여기서 그가 말하는 자연은 물리적인 의미의 자연 상태를 가리키지 않습니다. "자연으로 돌아가라"는 것은 인간이 본래 가지고 있던 본성을 회복하라는 의미에 가깝죠. 다시 말해, 인간의 선한 본성

을 되찾아야 한다는 것입니다. 그것이 바로 바로 '교육'이라고 할
수 있습니다.

아이의 노예가 되어서는 안 된다
• • •

루소는 연령에 따라 교육의 방식과 교육의 내용을 구별합니다. 아
이들은 성장하며 변화하게 마련이니까요.

　제일 먼저, 루소는 출생부터 다섯 살까지의 유아기에는 부모가
아이의 노예가 되어선 안 된다고 말합니다. 예를 들어, 아기가 처음
엔 도움이 필요해서 울지만 그로 인해 욕구가 채워지는 것을 경험
하면서 나중에는 자기 요구를 관철시키려는 지배욕과 통치욕으로
인해 울게 된다는 것입니다.

　부모가 아이의 노예로 전락한다면, 그 책임은 다름 아닌 부모
자신에게 있습니다. 아기의 울음이 어떤 것인지 주의 깊게 살피지
않고, 성가시고 귀찮은 일을 모면하려고 아기가 원하는 걸 바로바
로 들어주었기 때문이죠.

　철학교육에서는 조금 다른 관점에서 이 상황을 바라봅니다. 즉,
유아기의 아이들이 반복되는 경험을 통해 새로운 생각을 한다는 점
에 주목합니다. 유아들도 '스스로 생각하는 힘'이 있고, 자신의 욕구
와 의도에 따라 의사 표현을 할 수 있다는 것인데요. 부모는 유아기

의 그런 사고 능력이 어떤 방향을 향하는지 주의 깊게 살피고, 바람직한 방향으로 갈 수 있도록 도와주어야 할 것입니다.

욕망과 능력을 조화시키는 교육
• • •

루소는 다섯 살에서 열두 살까지의 아동기 아이들, 그러니까 현재 우리 기준으로 초등학생에게는 욕망과 능력을 조화시킬 수 있는 교육을 해야 한다고 말합니다. 자연적인 존재로서 인간은 자기 자신의 주인이어야 하며, 진정한 주인이 되기 위해서는 욕망을 통제할 줄 알아야 한다는 것입니다.

아동기의 아이들은 좋은 행동과 나쁜 행동, 옳은 선택과 옳지 않는 선택을 구분하기 시작합니다. 따라서 루소가 지적했듯, 이 시기 아이들에게는 자유와 방종, 행복하게 사는 것과 자기 마음대로 사는 것을 혼동하지 않도록 가르쳐주어야 합니다.

아이는 학교 교육과 가정교육을 통해, 또 친구나 다른 사람들의 영향을 받으며 가치관을 형성해 나갑니다. 그러면서 자기 욕구를 통제해야 한다는 것도 배웁니다. 그런 배움은 일방적인 주입으로 이루어지지 않습니다. 아이는 외적인 자극에 대해 어떤 방식으로든 스스로 느끼고 판단하면서 자기 생각을 형성해 나가니까요. 아이는 어른들의 꼭두각시가 아니라 독립적인 인격체인 것이죠.

공부가 필요한 시간

· · ·

루소는 열두 살에서 열다섯 살까지에 해당하는 소년기를 공부할 시기로 봅니다. 우리가 중학생 때부터는 본격적으로 공부를 시작해야 한다고 말하는 것과 비슷하죠.

그런데 루소는 아이가 틀리면 틀리는 대로 방치하고, 잘못을 스스로 교정할 때까지 기다려야 한다고 말합니다. 오류에 빠지면 빠질수록 더 많이 배우게 된다면서요. 참 어려운 요구입니다. 아이가 자기의 틀린 부분을 보고 스스로 왜 틀렸는지를 생각해 보면서 답을 찾아나가는 걸 지켜보기란 정말 쉽지 않은 일이니까요.

부모가 아이에게 왜 틀렸는지 설명해 주고, 아이는 설명을 듣고 이해한 후 재빠르게 틀린 부분을 교정해 가면서 답을 찾으면 훨씬 효율적일 거라는 생각이 들기도 합니다. 하지만 루소는 아이가 그린 지도가 정확한지보다는 아이가 그것을 그릴 수 있는 방법을 터득했느냐가 더 중요하다고 말합니다. 교육의 핵심은 많은 지식을 주입하는 데 있는 것이 아니라, 지식 습득하는 방법을 깨치게 하는 데 있다면서요.

일반적으로 주입식 교육을 비판할 때 물고기를 주지 말고 물고기 잡는 법을 가르치라고들 합니다. 하지만 주입식 교육은 지식을 전달하는 것 자체에 있지 않습니다. 만일 서툴게 물고기 잡는 아이를 보면서 낚싯대를 낚아채고, "자, 잘 봐! 물고기는 이렇게 잡는 거야" 하며 자기 방식대로 물고기 잡는 법을 가르친다면 이 역시도 주입식 교육이 될 겁니다.

그러니까, 주입식 교육은 지식을 전달하는 방식이 일방적이고 강제적인 교육을 말하는 것입니다. 어떤 반론이나 질문도 허용하지 않는, "닥치고 들어!" 식의 교육인 것이죠. 아이들의 판단에는 조금도 관심이 없는 교육, 아이들이 실패할 수 있는 기회를 박탈하는 교육이 주입식 교육입니다.

철학교육에서는 실수와 실패를 통해 배우는 것에 많은 가치를 부여합니다. 그런 시행착오 없이는 의미 있는 성과를 낼 수 없다고 보는 것이죠. 시행착오를 거치고 자기 수정을 해나가는 과정에서 아이들은 좌절과 절망에 빠지지 않고, 새로운 도전을 시도할 수 있습니다.

실수와 실패를 두려워한다면 발전을 기대할 수 없습니다. 루소의 말처럼 중학생 아이들의 방황과 실수를 배움의 기회로 전환시키는 것이 이 시기에 이루어져야 할 교육입니다. 어쩌면 부모 자신도 실수를 통해 성장하는 것인지 모릅니다. 돌이켜 보면 자신의 판단이 절대적으로 옳다고 확신했다가 뒤늦게 그것이 오판이었음을 종종 확인했던 적 있었을 겁니다. 그렇게 본다면 나의 신념대로 아이를 가르치려 할 때 정말 내 생각이 맞는지를 다시 한번 따져보는 것이 반드시 필요합니다. 이는 그 자체로 훌륭한 철학교육적인 방법이라 할 수 있습니다.

타인에 대해 관심을 기울일 때

• • •

루소는 우리나라의 중·고등학생에 해당하는 열다섯 살에서 스무 살까지의 시기를 청년기로 보고, 이 시기의 특징을 '정념'이라고 말합니다. 정념은 자기 보존의 수단이기에 자기애와 이기심의 형태로 나타나는데, 이를 타인에 대한 관심과 사랑으로 확대시켜야 한다고 지적합니다. 타인의 고통에 관심을 기울이고, 사람들과 어울려 살아가는 법을 배워야 한다고 강조하는 것이죠.

루소의 말대로, 중·고등학생들은 역사와 정치, 사회 공부를 하며 공동체에서의 삶에 대해 더 포괄적으로 이해하고, 자신의 삶에 대한 실존적인 고민을 합니다. 이를테면 이런 것들이죠.

'꼭 부모의 말을 들어야 하나?' '공부는 왜 하는 걸까?' '친구가 있어야 할까?' '내가 왜 남에게 신경을 쓰고 그를 도와야 하지?'

하지만 타인에 대한 관심과 책임을 가르치겠다며 아이에게 설교를 하려 한다면 이는 머릿속에서만 맴도는 공허한 울림이 될 것입니다. 아무리 말해봐야 스스로 깨닫지 못하면 아무 소용이 없죠. 또한 스스로 느끼고, 생각하고 깨달아야 하는 것은 비단 중·고등학생들에 국한된 이야기도 아닙니다. 그것은 인생 전반에 걸쳐 우리 모두가 실천해야 하는 인지적인 규범이기도 합니다.

문제는, '스스로 깨닫게 하는 방법이 무엇인가'입니다. 루소는 상상력을 발휘하라고 합니다. 아마도 영재 아빠 역시 영재한테 수도 없이 말했을 겁니다. 너의 미래를 상상해 보라고. 하지만 그런 상상은 영재한테 아무 의미가 없습니다. 현재 닥친 문제가 더 시급하고, 먼 미래는 너무 막연한 환상처럼 느껴질 테니까요.

어쩌면 영재는 이미 스스로 생각하고 있는데, 그 생각을 뒷받침하는 데이터들이 부정적인 결론에 이르게 하는 상황들뿐이라는 게 문제일지도 모르겠습니다. 만약 영재에게 주어지는 데이터들이 좀 더 다양한 관점을 담고 있다면, 영재는 다른 선택을 할 것입니다. 영재가 마음을 터놓고 자기 고민을 친구나 선생님, 부모님과 나눌 수 있다면 좋을 텐데요. 대화야말로 스스로 생각하기 위한 가장 좋은 수단이니까요.

3.

대화를 통한 교육, 그러나 거리를 둔 사랑

아이와의 대화가 모든 문제를 해결하는 첫걸음이란 걸 잘 알면서도, 막상 아이와 진지한 대화를 나눠보려고 하면 난감할 때가 많습니다. 좋은 대화법에는 여러 가지가 있겠지만, 우선 성인聖人들의 대화 방법에서 그 힌트를 찾아보려 합니다.

스스로 깨치게 하는 공자 대화법

• • •

공자孔子는 대화를 하며 제자들이 스스로 깨치게 했습니다. 이런 점을 잘 보여주는 것이 그 유명한 불멸의 고전 《논어論語》입니다. 플라톤의 〈대화〉 편이 다른 사람들과의 대화를 통해 소크라테스의 가르침을 알려주는 것처럼, 《논어》는 제자들과의 대화를 통해 공자의 가르침을 들려줍니다.

공자 대화법의 두드러진 특징은 제자의 성향이나 이해하는 방식의 차이를 고려해 대화를 한다는 것입니다. "효가 무엇인가"라는 같은 질문에도 공자는 대화 상대자가 누구인가에 따라 "어긋남이 없는 것"이라고 하기도, "병이 나지 않는 것"이라고 하기도, "공경하는 것"이라고 하기도, "항상 밝은 얼굴로 부모를 대하는 것"이라고 하기도 합니다.

또 다른 특징은 직접적으로 이것이다, 저것이다, 정답을 제시하는 것이 아니라 '비유'를 들어 말한다는 것입니다. 이런 비유를 통한 가르침은 많은 성인들이 즐겨 사용하는 방법으로, 학습자가 그 비유의 의미를 알아내기 위해 애쓰는 과정에서 스스로 생각하고 깨닫게 하는 데 매우 효과적입니다. 그래서, 공자는 이렇게 말합니다.

"배우기만 하고 생각하지 않으면 막연하여 얻는 것이 없고, 생각만 하고 배우지 않으면 위태롭다."(위정 편 15장)

배우고 생각하는 것은 시켜서 되는 것이 아니라, 자발적으로 해야 하는 것이죠.

사랑하는 마음만큼 거리 두기

• • •

공자에게는 아들이 있었는데, 그 아들을 어떻게 교육했는지에 대해서는 거의 알려진 바가 없습니다. 다만, 《논어》의 한 구절을 통해 공자가 아들을 어떻게 대했는지 유추해 볼 수는 있습니다.

진강이라는 사람이 공자의 아들 백어에게 "아버지한테 특별한 가르침을 받았느냐"라고 묻자, 백어는 "마당을 지나갈 때 아버지로부터 '시詩'와 '예禮'를 공부해야 한다는 말을 들어서 시와 예를 공부했을 뿐"이라고 답합니다. 그 대답을 듣고 진강은 세 가지 답변을 들었다고 말합니다. 하나는 시에 대하여 듣고, 다른 하나는 예에 관하여 들었으며, 나머지 하나는 군자는 자기 자식에게 거리를 둔다는 말을 들었다는 것이었습니다(계씨 편 13장).

마당에서 우연히 아들을 만나 공부가 어느 정도 되었는지 묻는 공자. 마치 자기 자식을 남의 자식처럼 대하는 느낌입니다. 그러나 공자가 자식에게 거리를 두었다고 해서 자식을 사랑하지 않은 것은 아닙니다.

안연이라는 제자는 공자가 가장 아끼던 제자였습니다. 안연이 죽었을 때 공자는 하늘이 자신을 버렸다고 슬퍼하며 애통해했습니다. 하지만 안연의 아버지가 공자의 수레를 팔아 안연에게 덧관을 만들어줄 것을 청했을 때, 공자는 자신의 아들 리(백어)가 죽었을 때도 덧관을 만들어줄 수 없었다고 말하며 거절합니다(선진 편 7장).

아무리 아끼는 제자라 하더라도 자식을 사랑하는 마음을 넘어설 수는 없는 것입니다.

가장 아끼는 제자조차도 자식을 사랑하는 마음을 넘어서지 못하지만, 공자는 자식에게 하나부터 열까지 다 가르치려 들지 않았습니다. 자식이 어느 정도 공부하고 있는지 마음을 쓰면서 늘 염려하고 기다려주었죠. 이것저것 시시콜콜 물어보며 아이에 관해 알아내려고 하는 태도는 즐거운 대화, 진정한 소통으로 이어질 수 없습니다. 어쩌면 아이를 구속하는 또 하나의 억압이 될지도 모릅니다.

아이가 무엇을 어떻게 받아들이는지 아이의 성향과 사고방식, 정서와 욕구를 먼저 헤아리고 그에 맞게 대화를 시도해 보세요. 아이도 마음의 문을 열고 부모님의 생각과 의도를 이해하려고 노력할 것입니다. 아이를 한 인격으로 대우한다는 것은 아이 생각을 존중하면서 함께 문제를 해결하려고 노력한다는 것을 의미합니다.

불완전함을 인정할 용기

. . .

영재 아빠가 화가 난 이유는 자신의 자식 사랑하는 마음을 아들이 몰라준다는 데 있을지도 모릅니다. 하지만 진정으로 영재를 사랑한다면 영재의 성향과 사고방식을 고려해 대화를 시도했어야 하지 않나 싶습니다. 자기 생각을 아이에게 강요하면서 이런저런 요구를 하기보다는 영재의 행동을 세심하게 관찰하면서 아이의 생각과 감정을 먼저 이해했어야 하는 것이죠.

부모는 자식을 일방적으로 가르치는 사람이라기보다는 자식과 함께 인생을 살아가는 동반자가 아닐까요? 아이는 부모를 보며 훌륭한 점은 닮고 싶어 할 것이고, 부족한 점은 타산지석으로 삼게 될 것입니다. 모든 부모가 다 좋은 부모일 수 없고, 부모가 하는 일들이 모두 올바른 것일 수 없겠죠. 어쩌면 영재 아빠에게 필요한 건 아이 앞에서 그간 아이와 제대로 소통하려는 노력이 부족했음을 인정하는 용기일지 모릅니다. 그런 용기를 가지고 솔직히 속내를 털어놓는 아빠를 맹렬히 비난하는 아이가 몇이나 될까요.

많은 아이들은 자신의 부모가 완벽하지 않다는 것을 알고 있습니다. 우리가 성장하며 그 사실을 깨닫는 순간을 한 번쯤 맞게 되는 것처럼요. 아마 영재도 아빠의 용기 있는 고백을 듣는다면 아빠와의 마음의 거리를 한층 좁히게 되지 않을까요? 어쩌면 부족함을 드러내길 주저하지 않는 아빠를 멋진 어른이라 생각하게 될지도 모릅니다.

4.

경험 속에서 스스로
의미를 발견하는 아이

　　　　　　욕구와 사리분별력이 생기면서, 아이들
은 자신에게 벌어지는 일들에 대해 어떤 식으로든 판단을 합니다.
나에게 이익이 되는 일/손해가 되는 일, 해야 할 일/해서는 안 되
는 일 등을 직관적으로 알아채기도 하고, 하나하나 따져보면서 천
천히 결론을 내리기도 합니다.

　하지만 스스로 생각할 수 있는 힘이 있다고 해서 자발적이고 자
율적인 인간으로 성장하는 것은 아닙니다. 아이가 자율적인 존재로
서 자신의 삶을 의미 있게 만들어갈 수 있도록 도우려면 어떻게 해
야 할까요?

공동체의 규칙과 자기 존재 자각

• • •

미국의 철학자 존 듀이John Dewey는 전통적 교육과 새로운 교육을 구분하면서, 전통적 교육은 규범과 가치를 아이들에게 주입시키는 형태였지만, 새로운 교육은 아이들의 개성을 표현하거나 함양시키는 것이라고 말합니다. 물론 듀이는 이전 세대의 전통적 유산을 부정하지 않습니다. 듀이가 제시하는 새로운 교육은 교화와 주입으로 아이들을 가르치는 것이 아니라 아이들이 경험 속에서 그런 가치들의 의미를 스스로 체득하는 것입니다.

그런데 경험한다고 해서 모든 경험이 유의미하고 유익한 것은 아닙니다. 어떤 경험은 무의미하고 오히려 해가 되기도 하죠. 듀이는 무감각을 낳거나 감수성의 결핍을 초래하는 경험을 비교육적으로 보았습니다. 학교생활을 하다 보면 판에 박힌 교육과정을 거치며 기계적인 생활을 하게 되는데, 이렇게 학습 의욕을 떨어뜨리는 경험은 오히려 비교육적이라고 본 것입니다. 또한 당장은 즐겁지만 태만하거나 부주의한 태도를 조장하는 경험, 제대로 축적되지 못하고 주의가 산만해지는 경험 역시 유익할 수 없습니다.

'좋은 습관이 그 사람을 만든다'는 교육의 원리는 이미 고대철학자나 옛 성현 들이 끊임없이 강조해 온 것입니다. 듀이가 이들과 다른 부분은 철저히 아이 관점에서 생각할 것을 주문했다는 점입니다. 그러기 위해서는 아이를 독립적인 인격체로 인정하는 동시에 이해심을 가지고 아이 마음속에 실제로 무엇이 일어나고 있는지 관심을 기울여야 합니다. 그리고 아이의 마음을 헤아리면서 좋은 습관을 형성할 수 있도록 도와주어야 합니다.

방이 어질러져 있는 것을 참을 수 없고 늦잠 자는 게 못마땅하다는 이유로 아이를 다그친다면, 그건 부모의 권위를 내세워 자기 기분을 만족시키는 행위이지 좋은 습관을 위한 교육이 될 수 없습니다. 그래서 듀이는 개인의 권위가 아니라 공동체의 이익에 대한 관심에 의해 교육이 이루어져야 한다고 말합니다. 이를 가정 공동체에 적용한다면, 부모가 아이를 교육할 때 부모의 가치관과 기분에 따라 교육하는 것이 아니라 가족 구성원 모두에게 이익이 되는 방향을 따져 교육해야 하는 것이 됩니다. 부모와의 약속을 지키지 않았을 때 혼나는 것은 단지 부모의 명령을 어겼기 때문이 아니라, 자신의 행동으로 인해 가족들이 피해를 입었기 때문임을 아이 스스로 깨닫도록 해야 한다는 것이죠.

이것은 아이들이 놀이를 할 때 놀이의 규칙을 따르는 것과 마찬가지입니다. 아이들이 스스로 놀이의 구성원임을 자각하고 놀이의 규칙을 따르지 않으면 놀이를 할 수 없음을 인지하는 것처럼, 가족으로서 함께 살아가기 위해서는 따라야 하는 것들이 있음을 알고, 배워야 하는 것이니까요.

이런 '사회적 통제하에서의 자기 존재'를 자각하는 것은 매우 중요합니다. 가정에서의 자기 역할과 존재 의미를 자각하는 한, 영재는 스스로를 쓸모없는 아이로 여기지 않을 것입니다. 영재 아빠 역시 자신이 아이에게 무언가를 강요하는 것이 매우 일방적인 것임을 자각할 수 있을 것이고요.

무엇이 진정한 자유인가
· · ·

우리는 일반적으로 억압을 받거나 강요를 당할 때, 혹은 벗어나기 어려운 상황에 놓여 있을 때, 그로부터 벗어나는 것이 자유로울 거라 생각합니다. 노예를 떠올려보세요. 지금의 사회 체제에서는 문자 그대로의 노예란 존재하지 않지만, 돈의 노예, 성性의 노예, 게임의 노예 등 무엇엔가 매여 있는 사람이 분명 존재하는데요. 이렇게 얽매여 있는 것으로부터 벗어나게 되었다고 합시다. 그러면 자유로워진 것일까요?

듀이는 진정 자유로운 인간은 '제약으로부터의 자유'에 만족할 수 없다고 말합니다. 이것은 소극적인 자유일 뿐이니까요. 진정한 자유란 자신의 충동과 욕구를 재구성하거나 변화시킬 수 있는 지적 성장에서 옵니다. 그는 이렇게 자발적인 의지에 따라 성장할 수 있는 인간이, 바로 적극적인 자유를 행사할 수 있는 인간이라고 말합니다. 다시 말해, 자유로운 사람은 자기 경험을 다시 한번 반성적으로 생각하고, 그것을 토대로 경험의 의미를 생산해 낼 수 있다는 것이죠. 과거의 일들을 회상하고, 즉각적인 행동을 보류하고, 관찰된 사항과 기억의 결합을 통해 스스로 내적인 통제를 하는 것. 이것이야말로 자유로운 사람이 하는 일인 것입니다.

영재 아빠가 영재의 유아기를 회상하면서 영재가 변한 모습을 이해하지 못하는 것을 보면, 그가 어쩌면 스스로의 내적 통제에 아직 숙달해 있지 않은 건 아닌지 모르겠습니다. 영재 아빠를 보다 보니 우리가 흔히 듣는 '문제아는 없다. 다만 문제 부모가 있을 뿐이다'라는 말이 떠오릅니다. 이 말은 아이 키우는 부모에겐 너무 가혹하게 들리지만, 어쩌면 부모로서 자기 경험을 재구성하지 못한 데 대한 지적일 수 있다는 점에서 타당하다는 생각도 듭니다.

비판적 · 창의적 · 배려적으로 사고하기

• • •

철학교육에서는 아이들이 스스로 생각하고, 자기 생각에 따라 시도해 보고, 시도한 결과가 실패든 성공이든 그 결과를 통해 배우며, 그 과정에서 경험의 의미를 발견하는 것을 목표로 합니다. 이 목표를 이루기 위해 비판적 · 창의적 · 배려적 사고 능력을 향상시킬 필요가 있습니다.

비판적 사고 능력은 타인의 생각이든 자신의 생각이든 모든 생각들에 대해 옳고 그름을 따져보고, 그런 분별력을 토대로 과감하게 자기 생각을 수정해 나가는 것을 말합니다. 창의적 사고 능력은 이전과는 다른 새로운 방식으로 사고하면서, 더 좋은 문제 해결법을 모색하고, 그것에 도전해 보는 것을 말합니다. 배려적 사고 능력은 정말 중요한 것, 가치 있는 것이 무엇인가에 대해 관심을 기울이며 타인과의 관계에서 소중한 것들을 실천해 나가는 것을 말합니다. 이런 세 가지 사고력이 조화를 이루며 향상되어 갈 때 아이는, 아니 우리 모두는 경험의 의미를 발견하는 자율적인 인간으로 성장해 나갈 수 있습니다.

그런데 스스로 생각하는 행위는 혼자서 고립적으로 해낼 수 없습니다. 이는 대화를 통해 생각하고, 그 생각들을 다시 나누는 탐구 공동체 안에서 제대로 이루어질 수밖에 없죠. 탐구 공동체의 구성원은 교사나 친구가 될 수도, 가족이 될 수도, 공동으로 생활하는 사람들이 될 수도 있습니다. 탐구 공동체 안에서 우리는 타인의 생각뿐만 아니라 감정을 공감하고, 존중해 주면서 사회적 유대감을 배울 수 있습니다.

교육은, 한마디로 정의할 수 있는 성질의 것은 아닌 게 분명합니다. 그럼에도 불구하고 확실한 게 있다면, 교육은 다음 세대를 '바람직한 방향'으로 이끌어주는 활동이라는 점입니다. 그 '바람직한 방향'이란 말의 의미가 사람마다 다를 수 있고, 그것을 이끌어주는 방법도 다를 수 있습니다. 동서고금, 교육에 대해 서로 다른 이야기를 하는 이유도 여기에 있을 것입니다. 하지만 그 가운데 발견할 수 있는 공통점이 있다면, 바로 교육을 받는 사람이 스스로 생각하고 깨치지 않으면 아무 소용이 없다는 점일 것입니다.

영재 아빠의 고민이 해결되기 위해서는 아이에게 문제가 있다는 진단을 철회하고, 영재 아빠 스스로 자기 경험을 반성적으로 검토하면서 아이가 현재 어떤 경험을 하고 있는지에 대해 관심을 기울일 필요가 있습니다. 이런 작업은 영재 아빠뿐 아니라, 아이를 키우고 교육하는 모든 사람들에게 필요합니다. '나는 가르치는 사람이고, 너는 배워야 하는 사람'이라는 틀에서 벗어나 함께 공동체를 가꾸는 인격체로서 서로에게 배우려는 마음을 지녀야 하는 것입니다. 그러고 보면 다음과 같은 공자의 가르침은 시간이 지나도 여전히 유효한 것 같습니다.

"세 사람이 길을 걸어간다면, 그중에는 반드시 나의 스승이 될 만한 사람이 있다. 그들에게서 좋은 점은 가려 본받고, 그들의 좋지 않은 점으로는 나 자신을 바로잡아야 한다."(술이 편 21장)

대화로 철학하기

〈 나에게 던지는 질문 〉

나의 아이는 나를 엄마나 아빠로서,
한 사람으로서 어떻게 평가할까?

내가 알고 있는 아이의 모습이 정말 맞을까?

나는 아이의 모든 것을 꼭 알아야 할까?

내가 원하는 모습대로 자란다고 아이가 꼭 잘 자라는 것일까?
나는 내 아이가 어떤 사람이 되기를 원하나?

아이가 자신을 소중한 존재라고 느낄 수 있게 해주려면
나는 무엇을 어떻게 해야 할까?

〈 아이에게 던지는 질문 〉

생애 최초의 기억이 무엇인가?
기분 좋았던 기억과 속상했던 기억은?
스스로 '난 참 잘했어'라고 느낀 적은 언제인가?

닮고 싶은 사람이 있는가?
있다면 그 사람의 어떤 점을 닮고 싶은가?

나만의 영웅이 있는가?
나는 누구의 영웅이 되고 싶나?

부끄러움을 모르는 파렴치한 사람이 있다면 어떤 사람일까?

만일 1억이 생겼다면 어디에 쓰겠는가?

3장

아이는 속으로
무슨 생각을 할까

장 폴 사르트르

마르틴 부버

며칠 후 세미가 초등학교 졸업을 한다.

나는 재아 엄마에게 아이들이 졸업식에 입을 옷을 사러 가자고 했다.

"졸업식이 뭐라고 옷을 사? 집에도 옷이 많은걸."

재아 엄마는 뜻밖의 말을 한다.

"다른 가족들도 다 올 텐데, 이왕이면 단정하고 근사하게 보여야지. 우리 세미랑 재아는 졸업생 대표로 상도 받는다는데, 신경 안 쓸 수는 없잖아?"

"흠…. 난 그냥 재아보고 알아서 입으라고 할 건데."

"그래도 가자. 난 우리 딸 멋지게 입히고 싶어. 봐둔 옷도 있단 말이야."

결국 재아 엄마와 나는 각각 아이들을 데리고 백화점에 갔다. 나는 미리 봐둔 매장으로 가서 세미에게 찍어놓은 옷을 입어보라고 했다. 그런데 웬일인지 세미는 시무룩한 채 싫다고 한다.

"왜 그래? 멋지지 않아? 디자인도 우아하고. 졸업식인데 이렇게 갖춰 입어야지."

세미는 재아와 졸업식에 지난번 산 청바지에 크롭 티를
맞춰 입고 가자고 약속했단다. 졸업식에 청바지와 크롭
티라니…. 생각만 해도 낯부끄러웠다.

"안 돼, 그런 옷을 입고 가면 사람들이 어떻게 보겠어?"
졸업식이 어떤 자리인데 나중에 후회할 짓을 하려는
거지? 하긴, 아직 어리니까 튀고 싶은 거겠지.

"아이들 졸업식이니까 원하는 대로 해주자."
재아 엄마가 또 한마디 거든다.

"애들이 뭘 알아? 그렇게 입고 갔다간 애들 분명히 나중에
후회해. 지금이야 내가 야속하겠지만 나중에 엄마 말
듣길 잘했다고, 고맙다고 할 거야."
어쩌면 저렇게 태연할 수 있는 건지, 재아 엄마가
이해되지 않았다. 나는 시무룩한 세미를 뒤로하고 차분한
갈색 원피스를 한 벌 샀다. 세미는 기분이 조금 상한 듯
보이지만, 아마도 금세 잊고 지금까지 그랬듯이 그 옷을
입을 것이다.

1.

나의 취향이
곧 아이의 취향?

대부분의 부모들은 청출어람靑出於藍을 꿈꿉니다. 이 꿈을 이루기 위해 자신이 알고 있는 지식과 경험을 아이에게 최대한 전달해 주려고 하죠. 아주 기본적인 식사 예절, 친구를 대할 때의 태도, 어른을 대할 때의 태도, 학교생활과 사회생활을 하는 데 필요한 여러 가지 지혜뿐 아니라 아직 잊어버리지 않은 교과 지식들까지, 자신이 알고 있는 많은 것을 알려주고 싶어 합니다. 이런 의미에서 육아란 자신이 알고 있는 사실들을 아이에게 전달해 주는 과정 전체를 이르는 말이라고도 할 수 있을 것입니다.

아이는 자신을 키우는 이들이 어떤 내용을, 어떤 방식으로 전달해 주느냐에 따라 고유의 성격과 가치관을 형성하면서 성장합니다.

고대 그리스의 철학자 아리스토텔레스Aristoteles의 말대로, 인간은 모방을 통해 배우고 학습하는 존재이기에, 부모의 말과 세상에 대한 시각은 아이에게 지대한 영향을 주게 되죠. 이를 잘 아는 부모는 자신의 아이와 최대한의 신뢰를 쌓으려 할 뿐 아니라, 사회적·도덕적인 측면에서 긍정적이고 바람직한 방향으로 아이를 키우고자 합니다. 아이가 위험한 행동을 하려고 할 때 혹은 사회규범에 어긋나는 비도덕적인 행위를 하려고 할 때, 부모는 "안 돼"라는 말로 이를 금지합니다. 아이가 "왜 안 되는데?"라고 되물으면 그에 합당한 이유, 즉 사회 안에서 용인되는 도덕적 기준에 맞추어 합당한 설명을 해줍니다.

그런데, 과연 '취향taste'에 관해서도 사회적·도덕적으로 바람직한 방향이란 게 과연 있을까요?

나의 내면보다 타인의 시선이 중요한 사람
• • •

취향이란 어떤 것을 선택함으로써 스스로 즐거움을 느끼는 것을 의미합니다. 즐거움을 느끼는 영역이나 대상은 개인마다 다양하며, 각자의 취향에 대해서는 보편적인 기준으로 좋고 나쁨을 가릴 수 없죠. 그럼에도 우리는 은연중에 아이에게 내 취향을 강요하곤 합니다.

이때 생각해 볼 문제는 첫째, 아이에게 합당한 이유를 들지 못하고 말도 안 되는 사회적인 규준을 제시하는 게 과연 옳으냐는 것입니다. 앞선 사례를 볼까요? 아이가 좋아하는 옷을 입으면 안 되는 이유에 대해 엄마가 할 수 있는 답은 "사람들이 어떻게 보겠어?"라는 말뿐입니다. 엄마의 이런 마음은 아이가 선택한 크롭 티를 제치고 아이가 달가워하지 않는 차분한 톤의 원피스를 집어 들게 합니다. 세미 엄마의 목표는 다른 사람들에게 내 아이가 모범생이라는 것을 보여주고 확인받는 데 있는 것이죠.

이런 목표 자체를 좋다, 나쁘다 단정할 수는 없습니다. 하지만, 타인의 시선을 의식해 아이의 취향과 개성을 그에 맞추려고 하는 태도에 대해서는 문제를 제기할 수 있을 것입니다.

지극히 개인적인 차원인 취향의 문제에, 왜 타인의 생각과 시선이 중요한 요소로 개입되는 걸까요?

먼저 생각해 볼 수 있는 것은 체면을 중시하는 우리 사회의 전반적인 전통일 것입니다. 예전과 분위기가 많이 달라졌다고는 하지만, 여전히 주변을 살펴보면 체면을 지나치게 따지며 행동하는 이들이 있습니다. 하객을 의식해 무리해서 성대한 예식을 올리거나, 감당할 능력이 되지 않을 정도로 고가인 명품이나 외제차를 사들이는 이들이 그렇죠.

물론 자기 자신을 위해 인생에 단 한 번뿐인 이벤트에 모든 걸 쏟겠다거나, 다른 걸 포기하는 한이 있어도 내가 좋아하는 데 마음껏 돈을 쓰고 싶다는 이들도 있을 것입니다. 하지만 그중에는 분명

마음 한구석에 '내 가치는 다른 사람의 평가에 좌우된다'는 인식을 갖고 있는 이들도 있을 것입니다. 자기 내면에 충실하기보다 타인에게 내가 어떻게 비칠지에 먼저 관심을 쏟는 것이죠. 졸업식 날 아이가 타인에게 어떻게 보일지부터 먼저 생각하는 세미 엄마처럼요.

점점 나빠지는 부모와 아이 사이
• • •

또 다른 문제는 아이 역시 부모의 선택에 동의하는가 하는 점입니다. 부모의 선택에 동의하지 않는 아이의 마음은 무시한 채 사회적 시선에 갇힌 부모의 일방적인 강요가 지속될수록 부모와 아이 사이에 부정적인 관계가 형성될 수 있습니다. 앞에서 지적한 것보다 더욱 심각한 문제죠.

지금부터는 이 문제를 중점적으로 다루면서 부모와 아이 사이의 부정적인 관계를 긍정적인 방향으로 전환시킬 수 있는 방안을 함께 고민해 보고자 합니다.

2.

아이가 개성을
주장한다는 것

          세미 엄마가 했던 말 가운데 가장 문제가 되는 결정적인 말은 이것입니다.

"애들이 뭘 알아?"

이 말을 들은 아이는 그저 시무룩해하며 입을 다물 뿐이고, 그 모습을 보고 엄마는 자신의 주장이 아이에게 통했다고, 자신의 선택은 올바른 것이었다고, 아이는 금세 이 모든 것을 잊을 거라고 생각합니다.

그러나 과연 엄마가 생각하는 것처럼 아이는 이 결정에 진심으로 순응했을까요? 더 근본적으로, 아이는 엄마의 생각처럼 아무것도 모르고 아무런 생각 없이 금세 모든 것을 잊어버리고 말까요?

이 질문들은 부모의 일방적인 강요가 아이들에게 어떤 영향을 미칠지에 대해 반성적인 고찰을 요구하는 것들입니다.

침묵과 순응은 다르다

• • •

프랑스의 실존철학자 장 폴 사르트르Jean Paul Sartre의 생애는 그 자체로 육아자의 태도가 한 아이의 인생에 미치는 영향을 보여주는 좋은 예입니다.

사르트르는 어린 나이에 아버지가 돌아가신 후 어머니와 함께 외조부의 집에서 성장합니다. 사르트르의 사진을 보면 사르트르의 눈이 약간 사시임을 알 수 있습니다. 사르트르의 외조부는 사르트르가 선택해 갖게 된 것이 아닌 이 '외모'를 부정적으로 평가하며, 되도록이면 자기 눈에 띄지 않았으면 좋겠다는 말을 자주 했다고 합니다. 외조부의 이러한 언행은 어린 사르트르에게 커다란 상처를 주었고, 그가 친구 관계를 잘 형성하지 못하는 소심한 아이로 성장하는 데 영향을 끼쳤습니다.

흥미로운 점은 사르트르가 자기 외모를 비난하는 외조부의 마음에 들기 위해 힘겨운 노력을 했다는 점입니다. 사르트르는 당대에 뛰어난 지성인으로 평판이 나 있던 외조부에게 예쁨받는 방법이 무엇인지를 생각하고 그에 맞추어 지적이고 명랑한 소년의 모습을 보여주었습니다. 마음속 상처를 감춘 채로 밝고 유쾌한 모습을 연기하며 배우의 삶을 살듯 유년기를 보냈던 것이죠. 사르트르는 자신의 이러한 유년기를 불행했던 시기로 기억했습니다. 게다가 그의 불행은 어머니의 재혼으로 배가되었고, 마음속에 도사리고 있던 불만은 성인이 된 이후 마침내 표출됩니다.

그 대표적인 예가, 사르트르가 철학을 전공으로 선택한 것입니다. 그가 철학자가 되기로 결심한 것은 이공계를 전공한 새아버지에 대한 반항심 때문이었다고 하네요. 새아버지의 전공과 전혀 다른 분야를 선택함으로써 그들로부터 철저하게 독립할 수 있다고 생각한 것이겠죠. 이렇듯 사르트르의 성장기는 사르트르를 둘러싼 많은 시선들이 그가 성인으로 커나갈 때 아주 큰 역할을 했음을 보여줍니다. 사르트르는 세미와 마찬가지로 부모에게 자기 의견을 정확하게 표명하는 아이가 아니었습니다. 그러나 그의 내면에는 타인으로부터 독립해, 독자적인 자기를 주장하고 싶어 하는 의지가 꿈틀대고 있었습니다.

사르트르의 성장기를 보면, 아이가 부모 생각처럼 아무것도 모르는 존재, 모든 것을 금방 잊어버리고 순응하는 존재는 아니라는 사실을 짐작하게 됩니다. 자기 의견을 적극적으로 표현하지 않는다고 해서 부모의 생각에 무조건 순응하는 것은 아니라는 것입니다. 사실, 이는 우리의 어린 시절 우리가 어떠했는지를 떠올려보면 쉽게 짐작할 수 있는 부분입니다.

자존감을 갉아먹는 부모는 아이의 지옥

· · ·

때로는 부모의 강요가 아이를 선택의 무게로부터 해방시켜 줄 수도 있습니다. 우리는 여러 선택지 가운데 무엇인가를 고른다는 것이 결코 쉬운 일이 아님을 잘 알고 있죠. 하지만 다른 사람이 지속적으로 내 문제에 관여해 내 선택을 대신해 주는 상황이 반복된다면 어떨까요?

"졸업식에 입고 갈 옷 하나 부모가 정해주는 게, 뭐 그리 애한테 큰 영향을 주겠습니까?"

이렇게 반문하는 분들도 있을 것입니다. 그러나 아이가 입고 싶은 옷을 입지 못하게 하는 일이 반복되고 부모의 이런 태도가 아이의 성장 과정 중 접하게 되는 다른 선택에도 영향을 준다면, 아이는 자신의 개성을 주장할 수 있는 사람으로 성장하기 힘들지도 모릅니다.

개성을 주장한다는 것은 자기 생각과 선택에 자신감을 가지고 자기 성향을 스스럼없이 내보이는 것을 의미합니다. 그러므로 '개성 있는 인간이 된다는 것'은 단지 독특한 취향을 갖게 된다는 것만을 의미하지 않습니다. 한 발 더 나아가 이는 '독립심과 자존감을 형성한다는 것'을 의미합니다.

'자존감'이란 말 그대로 자기 자신을 가치 있는 존재라고 생각하며 스스로를 존중하는 마음가짐입니다. 이는 개인이 어떤 선택을 하고 행위를 하는 데 있어 타인의 시선에 얽매이지 않고 자기 의지대로 행동할 수 있도록 하는 기초적인 동력이 됩니다.

　이렇게 봤을 때 아이의 옷을 골라주는 일은 단순히 아이의 취향을 좌우하는 문제, 다시 말해 외면적 측면에만 영향을 주는 문제가 결코 아님을 알 수 있습니다. 부모가 합당한 설명을 하지 못한 채 "사람들이 어떻게 보겠어?"라며 아이의 선택과 취향을 무시하는 것. 이런 상황들이 계속 이어진다면, 아이는 삶의 주도권을 타인에게 양도하고 내가 아닌 타인의 평가를 더 중요하게 여기는 사람으로 성장하며 자존감을 상실하게 될 가능성이 큽니다. 이때, 자신의 취향과 생각만을 강요하는 부모는 아이에게, 어쩌면 사르트르가 말한 것처럼 "지옥"으로 느껴질 수도 있습니다.

3.

우리는 어쩌다
서로의 지옥이 됐을까

사르트르는 "타인은 지옥이다"라는 유명한 말을 남겼습니다. 이 말에 공감하는 분 많을 거예요. 타인이 나의 지옥이 되는 경우를 우리는 일상 속에서 많이 경험합니다. 상사와 동료, 후배와의 관계에서 거북함을 느끼지만 자신이 처한 상황과 위치 때문에 아무런 말도 하지 못하고 묵묵히 주어진 일을 수행해야 할 때, 내 면전에다 대고 친구가 농담인 양 내 흉을 보는데도 싸움 없이 조용히 학교생활을 하고 싶어 그저 참을 때, 가족 때문에 하고 싶은 일을 포기하고 가족으로서 의무를 다해야만 할 때 등등. 이런 일은 누구에게나 시도 때도 없이 일어나게 마련입니다.

그런데 사르트르가 말하는 '지옥으로서의 타인'은 내가 하고 싶은 일을 하지 못하게 만드는 수준(행동의 구속)에 그치지 않습니다. 그들은 나의 실존 그 자체를 파괴하는 힘을 지닌 존재들입니다.

타인은 지옥이란 말의 진짜 의미
• • •

다양한 입장의 실존주의자들이 있지만, 실존철학자들은 모두 개인의 구체적인 삶을 중요하게 생각합니다. 그들은 모든 사람들이 지키고 추종해야 할 보편적인 진리보다는 개개인이 각자의 삶에서 겪게 되는 어려움과 문제 상황을 각자의 방식으로 극복해 진정한 자기 자신이 되어가는 과정 자체에 관심을 기울입니다. 이러한 삶의 과정에서 중요한 것이 '자유'와 '선택'입니다. 사르트르는 인간의 이러한 특징에 초점을 두어 "실존은 본질에 우선한다"고도 했습니다.

인간과 다른 존재들을 비교해 보면 "실존이 본질에 우선한다"라는 말이 의미하는 바를 좀 더 쉽게 이해할 수 있습니다. 인간 이외의 다른 존재들, 예를 들어 책상이나 나무, 컵 등은 인간인 우리가 사용하기 위해 특정한 목적을 염두에 두고 만들어낸 것입니다. 그러나 사르트르의 관점에서 보면 우리 인간에게 그러한 목적을 부여해 주는 존재란 없습니다.

신의 존재를 믿는 많은 사람들은 '신이 우리에게 삶의 의미와 목적을 부여해 주는 것 아닌가'라고 반문할 수 있습니다. 유신론자들에 따르면 인간은 이 세계 속에서 신의 섭리를 실현해 가며 살고 있고, 궁극적인 삶의 목적이 신의 나라에 들어가는 것입니다. 그들에게는 신이 부여해 준 삶의 의미와 목적을 발견하고 그에 합당한 방식으로 살아가는 것이 우리 인간의 참된 삶의 방식입니다.

그러나 무신론적 실존주의를 표명하는 사르트르에게는 신이란 존재하지 않습니다. 따라서 인간은 스스로에게 의지하며 자기 자신을 만들어나가고, 스스로 삶의 의미를 부여해 나갈 수밖에 없는 존재입니다. 결국 실존이 본질에 우선한다는 사르트르의 말은 자신을 스스로 창조해 나가는 자유로운 존재로서의 인간 존재 방식을 설명한다고 할 수 있습니다.

문제는 '나'만이 자유로운 존재가 아니고 나와 더불어 사는 '타인' 역시 자신을 주장하는 자유로운 존재라는 사실입니다. 타인이 나의 지옥이 되는 이유가 바로 여기에 있습니다. 사르트르는 이런 경우를 희곡 〈닫힌 방Huis Clos〉에서 형상화하고 있습니다.

사후 세계를 배경으로 하는 〈닫힌 방〉에는 극적인 사건이 등장하진 않습니다. 이 작품은 인물들이 생전의 자기 모습을 서로에게 설명하고 동의를 구하는 대화 형식으로 전개됩니다. 여기서 중요한 것은 그 대화에서 드러나는, 서로가 숨기고 있는 진실과 서로에 대한 규정 방식입니다. 이를 가장 잘 보여주는 희곡의 한 부분, 가르생과 이네스의 대화를 살펴보겠습니다.

가르생은 반전운동을 주장하는 신문의 주간으로 일하던 중 전쟁이 터지자 멕시코행 열차를 타고 도피 행각을 벌이다 발각되어 사형을 당한 인물입니다. 그는 지옥에서 만난 여인 이네스에게 반전 운동이라는 그 목표를 위해 자신이 얼마나 애썼는가를 강조하며 스스로를 영웅이라고 말합니다. 그러나 사후 세계에서 이승의 세계를 살펴보던 이네스는 가르생이 도망을 치다가 발각되어 사형당했음을 알게 됩니다. 이네스는 이 점을 강조하며 가르생에게 스스로를 비겁자로 인정할 것을 종용합니다.

우리는 여기서 전쟁이라는 극한 상황 속에서 가르생이 접했을 두려움과 마음의 갈등을 짐작해 볼 수도 있을 것입니다. 그러나 가르생을 비겁자로 강하게 몰아세우는 이네스는 가르생이 처했을 개인적인 상황에 대해서는 전혀 관심을 갖지 않습니다. 이네스는 가르생의 개인적인 상황, 개인적인 진리는 중요하게 생각하지 않습니다. 이네스에게 중요한 것은 이네스 자신이 바라보는 진리일 뿐이죠. 이는 이네스가 가르생을 비겁자로 규정하는 이유로, "내가 원하니까. 내가 원한다고!"라고 말하는 부분에서 극대화되어 나타납니다. 가르생과 이네스의 대화에서는 어떠한 타협도, 타인에 대한 이해도 보이질 않습니다. 자신을 비겁자로 규정하는 이네스의 시선을 확인하며 가르생은 "타인이 지옥"이라고 말합니다.

이 희곡은 서로 다른 관점에서 타인을 규정하고자 하는 개인들 간의 대립을 보여줍니다. 그리고 이네스의 대사처럼 타인이 "원한다"면 나는 타인이 규정하는 모습으로 고정될 수밖에 없습니다. 이러한 현상의 근본적인 원인은 타인이 나를 사물화시키는 데 있습니다. 사르트르에게 타인이란 나를 인격을 가진 인간, 즉 스스로 선택하고 결정하면서 삶을 주체적으로 형성해 갈 수 있는 실존이 아니라 자기주장을 할 수 없는 맥주잔이나 시계와 같이 "그저 그곳에 존재하는 사물"과 다름없이 대하는 존재입니다. 그렇기 때문에 사르트르의 관점에서 보자면 '자유로운 주체인 나'는 사라지고 타인의 관점에 맞추어 삶을 살아가는 '타인에 의해 규정된 나'만이 남게 되는 것이죠. 이런 상황 속에서 진짜 나의 정체성은 사라질 수밖에 없습니다. 사르트르에게 타인이 지옥으로 남을 수밖에 없는 이유는 이처럼 타인이 타인의 시선에서 그들이 원하는 방식으로 나를 규정하기 때문입니다.

우리 현실은 정말 '닫힌 방'일까

• • •

세미와 엄마의 관계도 이런 관계와 별반 다를 것이 없어 보입니다. 엄마는 자기 시선에서, 자기 관점에서 세미의 선택과 자유를 가로막고 있죠. 이런 일이 반복될 때, 세미는 어느 순간 엄마 말에 귀를 막고 자기 생각을 전혀 전달하지 않게 될지 모릅니다. 그 순간, 가장 친밀해야 할 엄마와 아이는 서로에게 지옥이 될 수밖에 없을 것입니다.

어린 시절부터 다른 사람들의 눈치를 보며 성장할 수밖에 없었던 사르트르에게, 아마도 타인은 지옥이었을 것입니다. 사르트르는 그러한 상황으로부터 어떻게든 벗어나 자신을 주장하고 싶지 않았을까요? 사르트르가 새아버지와는 전혀 다른 전공을 선택한 것도 이런 행위의 일환이었을 거라 짐작합니다. 다시 말해, 사르트르에게 중요한 것은 타인의 시선에 속박당하지 않고 자신을 주장하는 것이었습니다.

그러나 사르트르의 철학은 타인과 내가 서로 화해할 수 있다는 이야기, 즉 희망적인 메시지를 던져주지는 않습니다. 어쩌면 사르트르에게 현실은 그의 희곡 제목 그대로 빠져 나갈 문이라곤 하나도 없는 '닫힌 방'이었을지 모릅니다.

그렇다면 여기에서 의문이 발생합니다. 우리는 타인을 영원히 지옥으로 규정하며 살아야 하는 것일까요? 아이에게 자기 취향을 강요하는 부모와 거기에 대해 아무런 말도 하지 못하는 아이는 서로에게 지옥과 같은 타인으로 남을 수밖에 없는 것일까요?

4.

지옥에서 벗어나기 위한
열쇠를 찾아서

이제, 사르트르가 말한 '닫힌 방'을 여는 열쇠를 찾아보려 합니다. 그 열쇠를 쥐고 있는 철학자가 있습니다. 바로, 유대계 독일 철학자 마르틴 부버Martin Buber 입니다. 관계의 상호성을 강조하는 부버는 사르트르와 달리 우리가 서로를 인정하면서도 대립 상태에서 벗어날 수 있는 방법을 제시합니다.

'나-사물'의 관계 vs. '나-너'의 관계
· · ·

부버에 따르면 우리가 타인과 맺는 관계는 '나-사물I-it'의 관계 그리고 '나-너I-You'의 관계 두 가지로 구분됩니다. 이때 '나-사물'의 관계란 내가 타인을 대함에 있어 타인을 하나의 인격체가 아닌 연필이나 맥주잔 같은 사물 대상으로 간주하는 태도를 의미합니다. 이 경우, 내가 타인에게 던지는 질문은 그의 외모나 사회적 지위, 배경 등을 향해 있습니다. 상대의 내면 세계나 그 자체의 존재 의미에 대해서는 무관심한 상태로 관계를 맺는 것이죠.

이와 달리, '나-너'의 관계에서는 상대의 존재 의미 자체에 집중하게 됩니다. 이는 상대의 외모나 사회적인 지위와 상관없이 그저 그 사람이 거기에 있음으로써 나 역시 충만한 존재가 될 수 있음을 뜻합니다. 나와 타인 모두 온전한 인격으로 존재하게 되는 순간인 셈이죠. 온전한 인격으로 존재한다는 것은 타인을 자신의 소유물로 삼으려 하지 않고 '태어난 그대로의 너'로 타인을 인정하는 것입니다.

'나-너'의 관계를 부모와 아이 관계에 대입해 보겠습니다. 부모가 아이를 태어난 그대로 인정한다는 것은, 아이를 하나의 독립된 개체로서 인정하고 아이 의견을 귀 기울여 듣고 수용함을 의미합니다. 이는 아이에게 무관심하거나 아이를 방기한다는 뜻이 아닙니다. 이러한 태도는 오히려 아이가 진정으로 원하는 것이 무엇인지 드러내는 아이 내면의 목소리에 귀 기울이며, 아이의 취향과 감정, 생각 등을 그 자체로 인정하고 받아들이겠다는 마음가짐이 있을 때 가능할 것입니다. 부모가 이런 태도를 취할 때 아이는 자기 생각을 전개

할 수 있는 독립적인 힘을 발휘하게 됩니다. 이를 위해서는 우선 부모 자신을 얽매고 있는 사회적 시선에 대한 비판적 성찰이 전제되어야 할 것입니다. 이런 성찰이 있은 후에라야 세상에 대한 부모의 시선 역시 변화될 수 있을 것입니다.

부버는 '관계의 상호성'을 강조하는데요. 이는 너와 내가 서로에게 영향을 미치는 존재들이라는 말입니다. 관계의 상호성 관점에서 보면 부모가 아이에게 어떤 태도를 취하느냐에 따라 아이뿐 아니라 부모 자신에게도 변화가 찾아올 수 있습니다. 부모가 아이 취향을 존중해 주게 되면 어떤 변화가 일어날까요? 아이는 자신의 개성이 인정받았다는 생각에 자존감이 올라가고 독립성이 커질 것입니다. 동시에, 부모 자신도 은연중에 자신을 지배해 왔던 사회적인 체면과 시선에서 벗어나 스스로를 돌볼 수 있는 기회를 얻게 될 것입니다.

닫힌 방을 열어줄 열쇠

• • •

사회생활을 하다 보면, 타인을 사물과도 같은 '그것'으로 대하는 태도를 완전히 버릴 수는 없게 마련입니다. 나 자신이 타인으로부터 사물과 같은 방식으로 이해되고 수용될 수도 있을 것이고요. 사회라는 공적 영역이 유지되려면 서로가 지니고 있는 능력을 교환하거나 이용하는 것이 필수적이기 때문이죠. 그러나 이런 태도만이 인간관계를 지배하게 된다면 사르트르의 말처럼 타인은 영영 지옥으로 존재하고 우리 주변에는 배타적인 관계만이 남을 것입니다.

사르트르는 부버가 말하는 '나-그것' 사이의 관계에 집중해 인간들 사이의 관계를 비관적으로 해석합니다. 반면, 부버는 '나-그것'의 관계와 '나-너'의 관계가 서로 다르기는 하지만 완전히 분리되어 있지는 않음을 강조합니다. 나의 감정에 집착해 타인을 소유하려는 태도에서 벗어나 나와 너 사이의 관계에 집중할 때 비로소 사랑이 생겨난다고 부버는 말하고 있습니다. 이 두 철학자를 통해 알 수 있는 것은 우리가 어떤 관계에 더 중점을 두느냐에 따라 타인과의 관계와 우리 삶이 다른 방식으로 전개될 수 있다는 것입니다.

부버의 이런 주장은 타인을 지옥으로 규정하는 사르트르의 말과 함께, 부모가 아이에게 어떤 태도를 취하는 것이 바람직할지 고민하게 하는 단초를 제시합니다.

우리 아이가 타인을 지옥으로 인식하게 둘 것인가, 아니면 타인이라는 지옥에서 벗어나 서로의 존재를 인정하고 개성을 주장할 수 있는 존재로 성장하게 할 것인가. 철학자들은 이 두 가지 가운데 어떤 길을 아이들에게 물려줄 것인지 우리에게 묻고 있습니다. 사르트르가 규정한 지옥으로서의 타인 그리고 닫힌 방으로부터 벗어날 수 있는 열쇠 또한 우리들 손에 쥐어 있음을 알려주면서 말이죠.

대화로 철학하기

〈 나에게 던지는 질문 〉

내가 골라놓은 옷을 엄마가 치워버렸을 때,
어린 나의 기분은 어땠었나?

내가 선택하지 않은 나의 것들(외모, 기질 등)에 대해
비난하는 말을 들었을 때의 마음은?

나는 왜 내 아이의 선택에 대해 불안해할까?

다른 사람들이 내 아이를 사소한 것(사회적으로 비난받을 만한
비도덕적 행위가 아닌 것들)으로 비판하는 것을
왜 나는 무시할 수 없을까?

다른 사람들이 내 아이 혹은 나를 비난한다고 해서
나와 아이의 인생이 크게 달라질까?
그렇다면 그 근본적인 원인은 어디에 있다고 보는가?

<　아이에게 던지는 질문　>

내 옷이나 머리 모양을 보고 엄마가 촌스럽다거나
그와 비슷한 말을 할 때 어떻게 행동했나?
기분은 어땠나?

"엄마가 알아서 해줄게"라는 말을 들을 때 마음은 어떤가?
좋은 경우와 싫은 경우를 구체적으로 말해보자.

유행하는 옷이라고, 또 내가 입고 싶다고 아무 곳이나
입고 갈 수 있을까? 그런 경우는 어떤 경우일까?
졸업식 같은 행사에도 해당이 될까?

엄마로부터 어떤 말을 들을 때 가장 속상한가?

다른 사람의 의견은 얼마나, 왜 중요하다고 생각하나?

4장

어쩌다 스마트폰에
푹 빠졌을까

노르베르트 볼츠
도널드 위니콧
미하이 칙센트미하이
에이브러햄 매슬로

by 이소연

"학교 안 갈래. 나 아프단 말이야."

"내일만 지나면 주말이니까 오늘만 참아."

잠에서 깬 소라는 스마트폰부터 찾는다. 스마트폰을 확 빼앗고 싶은 충동을 간신히 삼킨다. 얼마 전 아내에게 아이를 내 프레임에 가두려 한다는 말을 듣고서, 내심 소라의 요구를 좀 더 들어주어야겠다고 생각했다. 하지만 눈만 뜨면 스마트폰만 보고 나오는 눈도 잘 맞추려 하지 않는 소라를 감당해 내기란, 정말이지 쉽지 않다.

"오늘 목요일이었어? 아빠가 방금 금요일이라고 했잖아!!"

방금 전까지 축 처져 있던 소라는 밥도 필요 없다면서 벌떡 자리에서 일어난다.

"내일 지나야 주말이랬잖아. 그리고 너 아빠가 힘들게 차린 밥인데 빨리 안 먹어?"

나도 출근해야 하는데… 멋대로 굴며 시간 끄는 아이를 보고 있자니, 어느새 목소리가 커진다.

"나 아프다고 했잖아. 깨우지 마!!"

소라는 다시 침대로 가더니 학교에 안 가겠다고 버틴다.

어떡해야 할까. 화를 내봤자 꿈쩍도 하지 않을 거다.

"그러지 말고, 오늘 내일만 잘 버텨보자. 그리고 주말에는
스마트폰 맘대로 해도 된다고 했잖아."

"주말까지 기다리라고? 나 오늘부터 계속할래."

"대체 왜 그래? 스마트폰 그렇게 계속한다고 뭐가
좋아지니? 그리고 다른 애들도 다 시간 정해서 하잖아."

"뭐가 좋아지기는? 스마트폰 없으면 재미도 없고,
아무것도 못하잖아. 아빠도 스마트폰 할 때는 내 얘기
듣지도 않으면서 왜 나한테만 그래?"

"아빠야 꼭 필요하니까 하는 거지, 너랑 같은 줄 알아?"

"내가 뭐? 아빠도 그때 축구 영상 재미있다고 계속 봐
놓고서!"

마음먹고 소라 기분을 맞춰주려고 했다가 결국 빠져나갈
구멍만 만들어주었다. 스마트폰이 뭐가 그리 재미있다고
종일 푹 빠져 있는지…. 진짜 스마트폰 중독은 아닌지
걱정이다.

1.

좋아하면서도
몰래 하는 마음

아빠는 소라가 자신과 눈을 맞추고 자기 말을 들어주길 바라지만, 소라는 오늘도 스마트폰에서 눈을 떼지 않습니다. 소라도 이제 6학년이니 아빠 이야기 들어줄 나이도 된 것 같은데, 오늘도 아빠의 눈길을 피하기만 하고 스마트폰에만 빠져 있습니다. 스마트폰이 그렇게 재미있다는 딸을 보며 아빠는 소라가 이제 중학교 입학도 앞두고 있는데 재미만 찾기보다 좀 더 의미 있는 일에 관심을 가져야 하는 건 아닌지 부모로서 고민이 됩니다.

아이가 어릴 때는 어떻게 하면 아이랑 좀 더 재미있게 놀아줄 수 있는지가 최대 관심사였습니다. 하지만 아이가 자라면서 이제는 단순한 재미보다 복잡한 지식이나 고차원적인 의미를 추구해야 하는 것은 아닌지 고민이 되죠. 하지만 이건 어디까지나 부모인 나만의 생각일 뿐, 아이는 여전히 자기만의 재미를 찾아 스마트폰 세상에 빠져 있습니다. 아이는 왜 그토록 재미를 추구하는 것일까요?

문명화가 될수록 놀이는 중요해진다

· · ·

아이들이 추구하려는 재미는 쾌快, 혹은 즐거움이라고 달리 말할 수 있습니다. 재미나 즐거움을 추구하는 방법으로는 놀이를 떠올릴 수 있겠죠. 역사학자 요한 하위징아Johan Huizinga는 인간을 '놀이하는 인간'인 '호모 루덴스Homo ludens'라고 처음 명명했습니다. 그는 고대에는 인간의 모든 행위를 '놀이'라고 불렀으며, 문화는 이런 놀이를 통해 일종의 놀이로서 생겨났다고 주장했습니다.

독일의 철학자 노르베르트 볼츠Norbert Bolz는 자신의 저서《놀이하는 인간Wer nicht spielt, ist krank》에서 호모 루덴스와 상반되는 인간형으로 '호모 에코노미쿠스Homo economicus'와 '호모 소시올로지쿠스Homo sociologicus'를 함께 소개하고 있습니다. 호모 에코노미쿠스는 '경제적 인간'으로, 시장에서 자신이 수집한 정보를 바탕으로 비용과 효과를 계산해 합리적인 결정을 내리는 사람들입니다. 또한 호모 소시올로지쿠스는 '사회적 인간'으로, 타인들이 기대하는 역할에 따라 자신을 규정하고 타인들의 기대에 부응해서 살아가는 사람들입니다. 볼츠는 호모 에코노미쿠스나 호모 소시올로지쿠스는 삶의 즐거움을 경험할 수 없으며, 따라서 인간의 본성도 이해하지 못한다고 말합니다.

재미와 놀이를 거부하는 사람들로, 다른 어떤 가치보다 일을 우선시하고 일에만 몰두하는 일중독자를 떠올릴 수 있습니다. 일중독자들이 일에 몰두하는 동기는 조금씩 다를 수 있지만, 많은 경우 사회적 성공이나 타인들의 인정을 얻으려는 욕구를 꼽을 수 있는데요. 일중독자들은 겉으론 개인적인 성취 혹은 자아실현을 위해 일에 몰두하는 것처럼 보입니다. 하지만 그 안을 들여다보면 자기 자신보다 타인들로부터 인정받고 싶은 욕구, 타인들에게 받을 비난에 대한 두려움이 가득한 경우가 많습니다. 일중독자들 스스로 자신이 일에만 몰두하는 이유를 깨닫지 못한다면, 애초 원했던 타인들의 관심과 애정에서 멀어지면서 자기 욕구를 점점 충족시키기 어려워질 수 있습니다.

볼츠는 문명화 과정이 인간의 감정을 억압함에 따라 인간이 문명을 누리는 만큼 놀이의 중요성이 커진다고 보았습니다. 즉, 인간은 문명화·사회화되는 과정을 거치면서 과도한 열정이나 공격성 같은 강렬한 감정들을 억압하게 되는데, 놀이를 통해 이러한 감정들을 다루면서 반복적인 일상을 견딜 수 있게 된다고 보았던 것입니다.

아이들도 이와 마찬가지로 볼 수 있습니다. 놀이를 통해 현실에서 허용되기 어려운 불편한 감정들을 해소할 뿐 아니라 강렬한 욕망을 현실에 반영할 수 있다는 것이죠.

놀이는 해소의 도구

• • •

놀이는 자신의 내적 세계와 외적 세계를 구분하면서 동시에 이 둘 사이를 연결해 주는 '중간 세계'이자 '중간 대상'으로 불리기도 합니다. 볼츠는 고대 그리스 철학자 에피쿠로스Epicuros가 신들이 사는 세계를 인간의 세계와 떨어져 있는 중간 세계로 묘사한 데 빗대어 우리의 놀이터인 놀이의 세계를 설명했습니다. 중간 세계에서는 책임을 묻거나 연락을 받지 않아도 되는데, 이는 놀이의 세계와 유사합니다. 이처럼 놀이의 세계는 일상과 분리되어 우리의 강렬한 감정들을 허용하면서 일상을 안정시키고, 우리에게 어떤 책임도 따르지 않는 쾌락을 제공합니다.

또한 볼츠는 의사이자 정신분석학자인 도널드 위니콧Donald Winnicott이 어린아이가 처음으로 소유하고 애착을 느끼는 물건을 중간 대상이라고 지칭한 데 빗대어 놀이가 작동하는 방식을 설명합니다. 이 중간 세계이자 중간 대상은 우리가 내적 세계와 외부 세계를 오가는 데서 느끼는 피로감과 아직 첫발을 내딛지 못한 외부 세계를 직면해야 하는 데서 느끼는 긴장감을 해소해 줄 수 있습니다. 특히 아이들은 놀이를 통해 세상을 미리 경험하게 되는데요. 아직 거친 세상에 홀로 나서기 어려운 어린아이들에게 놀이는 안전한 세계와 바깥 세계 사이의 완충 역할을 해줍니다.

예를 들어, 어린아이는 어머니가 부재하는 현실에서 느끼는 두렵고 불안한 감정을 해소하기 위해 낡고 익숙한 인형이나 담요를 손에서 놓지 않으려고 합니다. 위니콧이 말하는 중간 대상은 우리가 애착이나 안정감을 느끼는 소유물에 비교될 수 있습니다. 소라에게도 매일 반복되는 평범한 일상이지만 새로운 하루를 다시 시작해야 하는 상황에서 스마트폰이 긴장과 부담을 줄여주는 중간 대상이 되어줄 수 있겠죠. 어린아이들뿐 아니라 어른들도 출퇴근 시 지하철, 식당가 등 붐비는 장소에서 스마트폰에 빠져 있는 경우를 흔히 볼 수 있는데, 이것도 같은 맥락이라 볼 수 있습니다. 스마트폰이나 다이어리 등 자신에게 익숙한 물건들이 우리에게 일상의 피로와 긴장감을 해소해 주는 도구가 될 수 있다는 것입니다.

또한 다양한 첨단 기능을 보유한 스마트폰은 어떤 장난감보다도 유혹적이고 재미와 즐거움을 주는 도구가 될 수 있습니다. 그렇기 때문에 더욱더 부모들은 스마트폰 중독을 걱정하며 아이가 스마트폰 사용하는 것을 금지하려고 합니다. 소라 아빠처럼 막상 어른인 자신도 스마트폰을 통해 지식과 정보, 오락과 소비 등 재미와 유익을 추구하는 경우가 많은데 말이죠. 아이에게 이런 지적을 받으면

찔려서 되려 화를 내는 분들도 많습니다.

이처럼 스마트폰을 비롯해 다양한 놀이가 주는 유익에도 불구하고, 왜 아이들을 비롯한 어른들조차 양심의 가책을 받으며 이것들을 몰래 즐기고 있는 것일까요?

2.

호모 루덴스와 중독자
그리고 광인

　　　아빠는 아침부터 등교를 거부하며 버티는 소라를 "주말에는 스마트폰을 마음대로 할 수 있다"는 보상으로 달래지만, 그 정도로는 소라의 마음을 움직이기가 어렵습니다. 오히려 아빠가 제시한 보상이 성에 차지 않았던 소라는 당장 스마트폰을 달라고 요구합니다.

　　스마트폰에 푹 빠져 있는 소라를 보면서, 부모로서 가장 걱정하게 되는 점은 아마 아이가 혹시 '스마트폰 중독' 혹은 '게임 중독'은 아닐까 하는 것일 겁니다. 아직 논란이 되는 사안이긴 하지만, 세계보건기구WHO는 2022년부터 발효되는 국제질병분류ICD 개정안에 게임 중독을 질병으로 분류하기로 결정하기도 했습니다. 그 정도로 게임 중독에 대한 우려의 목소리가 널리 퍼져 있는 상황인데요. 이는 특히 양육자나 교육자 들에게 커다란 고민거리입니다.

어떤 것은 중독이고, 어떤 것은 중독이 아닌가
• • •

비단 스마트폰 하나뿐일까요. 게임, 도박, 스포츠 등 다양한 오락거리와 중독에 관한 논의들은 지금까지 계속해서 이어져 왔습니다. 볼츠는 중독에서 문제가 되는 것이 '강력한 습관'이라고 말하면서, 정상적인 소비 습관에서도 중독의 특징을 볼 수 있다고 말합니다. 즉, 사람들이 소비로 인한 쾌감을 즐기기보다 단지 소비를 중단했을 때 느끼는 불편감인 금단증상을 피하려고 카페인이나 쇼핑 등 소비에 빠지게 된다는 것입니다.

또한 우리는 중독을 '건전한 중독'과 '해로운 중독'으로 구분하면서 중독에는 이점이 있고, 중독이 야기하는 의존성이 일상에 퍼져 있다는 사실을 숨기고 있다고 주장합니다. 일례로, 일중독은 성공으로 이어지기도 하며, 종교 중독은 신앙적 성장이나 도덕성 제고라는 긍정적인 결과를 낳기도 합니다. 이들이 성취하는 수준은 확실히 중독된 사람들이나 닿을 수 있는 정도죠.

볼츠는 쾌락에 적대적인 사람들에게는 놀이하는 사람들이 일상에서 느끼는 재미와 즐거움이 중독으로 보일 수 있다고 말합니다.

또한 '게임 중독'이란 표현에 대해서도 사람들이 그만큼 게임에 매료되며, 게임의 유혹적인 힘이 크다는 사실을 방증한다고 주장합니다. 이처럼 '중독'이란 단어가 내포하는 의미는 매우 폭넓고 다양하기 때문에, 우리는 어떤 행동에 대해 쉽사리 중독이라고 판단하기 어려울 수 있습니다.

완전한 몰입의 힘

• • •

특정한 상태에 빠져든다는 측면에서 '중독'과 유사한 '몰입'에 관한 논의에도 눈을 돌릴 필요가 있겠습니다. 미국의 심리학자 미하이 칙센트미하이Mihaly Csikszentmihalyi는 몰입에 대해 연구한 대표적인 학자입니다.

칙센트미하이는 행복하고 바람직한 삶이 어떤 삶이며 무엇이 삶의 질을 좌우하는지 묻는 데서 출발해 몰입이라는 상태에 주목하게 되었다고 합니다. 그는 다양한 사람들과의 인터뷰를 통해 각 분야의 전문가들이 일에 집중하고 몰두한 상태를 몰입이라는 말로 표현하고 있음을 깨닫습니다. 그 결과 알게 된 몰입의 특징 중 하나는 '자기목적적인 활동'이었다고 말합니다. 즉, 몰입 상태가 되면 의미 여부를 떠나 단지 몰입 체험 자체에서 오는 충족감을 즐길 수 있게 된다는 것입니다. 예술이나 스포츠 활동 등 일상에서 필수적으로

할 필요가 없는 것에 빠지는 것이 그 예라고 할 수 있겠죠.

이는 앞서 설명한 바 있는 놀이의 재미나 유익과도 연결될 수 있습니다. 즉, 완전한 몰입 상태는 놀이의 세계와도 유사하며, 놀이가 주는 재미는 몰입을 통해 얻는 만족감과 유사할 수 있을 것입니다. 몰입이라는 주제에 주목하고 몰입의 가치를 역설하는 만큼, 그동안 저평가되었던 놀이에 대해서도 새로운 가치 평가가 필요할 때입니다.

무의식을 반영하는 광기

• • •

영화광이나 스포츠광처럼 놀이에 취미 이상으로 푹 빠져 있거나 미쳐 있는 사람들을 보며 몰입을 넘어선 일종의 '광기'를 떠올리게 되는 경우도 있습니다. 흔히 현대인들에게 광기는 비이성적이며 비정상적이고 부정적인 상태로 여겨집니다. 철학자 미셸 푸코Michel Foucault는 자신의 저서 《광기의 역사Histoire dela folie a l'age classique》에서 광기의 개념이 시대에 따라 변해왔다고 말합니다.

고대부터 르네상스 시대에 이르기까지 광기는 이성과 대립하는 개념이 아니었습니다. 광기는 이성과 동시에 인간 본성이자 인간 존재의 일부를 형성하는 신성하고 신비스러운 힘으로 간주되었습니다. 푸코에 따르면, 17세기 근대 유럽에서 고전주의 시대에 들어서면서 광기는 무의미하고 비이성적인 정신병이자 반사회적인 범죄로 여겨져 철저하게 탄압받고 사회로부터 배제되었으며, 광인은 교정되어야 하는 죄인 취급을 받았다고 합니다.

그러나 광기는 철학자 프리드리히 니체Friedrich Wilhelm Nietzsche와 극작가 윌리엄 셰익스피어William Shakespeare, 화가 프란시스코 고야Francisco Joséde Goya y Lucientes와 빈센트 반 고흐Vincent van Gogh의 작품에서 보이는 것처럼 특히 예술을 통해 진실 혹은 진리를 드러내기도 합니다. 광기는 이성의 시대였던 근대 이후의 역사에서 고립되고 무시되어 왔지만, 우리는 오히려 광기를 통해 이성으로 밝히기 어려운 인간의 내면과 무의식을 깊이 탐구할 수 있습니다.

이처럼 광기가 인간의 진실한 내면과 무의식의 일면을 비추는 만큼 지금 아이가 무엇인가에 미쳐 있다면, 그 미쳐 있는 대상을 통해 아이가 진정으로 원하고 추구하는 것이 무엇인지 생각해 볼 수 있을 것입니다.

3.

놀이로 자아실현자가
될 수 있다면

소라 아빠는 소라가 재미에만 푹 빠져 있다고 생각하며 학업이나 지식에서 멀어질 것을 염려합니다. 소라 아빠가 불안을 느끼고 조바심을 내는 것도 일면 이해가 됩니다. 부모라면 아이의 외적인 성장만큼이나 지식, 자아실현과 같은 내적인 성장과 성숙을 기대하게 마련이니까요.

스마트폰에서 무엇을 얻으려 할까
• • •

하지만 부모들이 의외로 간과하고 있는 사실이 있습니다. 바로, 아이가 지식을 얻고자 하는 분야나 자아실현을 이루고자 하는 분야가, 실은 아이가 평소 관심을 기울이고 스스로 재미를 느끼는 분야와 크게 다르지 않다는 점입니다. 청소년기, 진로 선택을 위해 흔히 적성검사나 직업 체험 활동을 하는 것도 자신이 흥미를 느끼는 분야가 무엇인지를 먼저 탐색해 보기 위해서니까요.

이처럼 재미는 개인이 무엇을 좋아하고, 무엇을 원하는지 알려주는 지표가 되기도 합니다. 따라서 아이가 자라면서 특정 분야에 흥미를 느끼고 재미를 추구하는 것은 아이가 자기 욕구를 충족시키고 자기를 실현하는 데 있어 중요한 계기이자 출발점이 될 수 있습니다.

아이는 스마트폰에 빠져 새로운 현실을 경험하고 다양한 사람들과 소통해 나가면서, 유독 관심이 가는 분야를 발견하게 될 것입니다. 어떤 아이는 과학, 역사, 예술, 심리 등 특정 지식이나 정보에, 어떤 아이는 게임, 영상, 여행 등 오락에, 어떤 아이는 블로그, SNS 등 새로운 매체에 특히 빠져들 수 있습니다. 각자의 관심사가 다른 것이죠.

그렇다면, 부모로서도 아이의 스마트폰 사용을 무조건 꺼리기보다 아이가 스마트폰을 통해 무엇을 얻고자 하는지 관심을 기울여 볼 필요가 있지 않을까요? 이렇게 발견한 아이의 관심 사항을 가지고 구체적인 진로로 연결할 수 있을 테니까요.

놀이의 특징은 곧 자아실현자의 특징

· · ·

미국의 심리학자인 에이브러햄 매슬로Abraham Harold Maslow는 '욕구단계설hierarchy of needs theory'로 잘 알려져 있습니다. 비록 과학적으로 입증되지 않아 여전히 논란이 되고 있지만, 인간 욕구를 이해하는 데 유용하게 활용되고 있죠.

매슬로는 다음과 같이 인간의 욕구를 '생리 욕구' '안전 욕구' '애정·소속 욕구' '자기존중 욕구' '자아실현 욕구' 순으로 파악하고, 이전 단계의 하위 욕구가 충족된 후 다음 단계의 상위 욕구가 나타난다고 주장합니다.

매슬로는 이 가운데 특히 자아실현 욕구와 관련해, 현존하는 인물과 역사적인 인물들을 대상으로 자아실현자에 대해 연구했습니다. 그 결과, 자아실현자들이 '현실 지각, 수용, 자발성, 문제 중심적

태도, 고독, 자율성, 참신한 인식, 절정 체험, 인간적 유대, 겸손과 존경, 대인 관계, 윤리, 목적과 수단, 유머, 창의성, 사회화에 대한 저항, 불완전성, 가치, 이분법의 해소' 등에서 특별함을 나타낸다는 사실을 발견했습니다.

매슬로가 말하는 자아실현자들이 지닌 특징 중에는 재미 혹은 놀이가 지닌 요소들이 상당 부분 포함되어 있습니다. 자발성이나 자율성, 참신한 인식, 유머, 창의성, 사회화에 대한 저항이 그것이죠.

예를 들어, '자발성'은 단순함과 자연스러움을 포함하며, 억지로 지어내거나 결과를 가져오려는 노력을 요구하지 않습니다. '자율성'은 물리적·사회적 환경으로부터 독립해 있는 상태를 말하며, 자족적이라고 할 수 있습니다. '참신한 인식'은 일상에서 일어나는 일들을 항상 새롭게 보고 기쁨과 경이로움을 느끼며 감사하는 마음입니다. 이외에도 자아실현자들은 철학적이고 악의 없는 '유머 감각'과 천진난만한 아이의 '창의성', 스스로의 규제에 따르면서 '사회화에 저항'하는 특징을 지니는데, 이 특징들은 놀이의 특징과 여러 면에서 상통합니다.

이처럼, 놀이는 부모가 흔히 아이들에게 바라고 기대하는 이상형인 자아실현자들에 가까워지는 데 필수적인 요소가 될 수 있습니다. 그렇다면 놀이를 배제하지 않고, 오히려 이를 활용해 아이들의 욕구를 반영하고 실현하는 데 어떻게 도움을 얻을 수 있을지 고민해 볼 필요가 있지 않을까요?

스마트폰 금지보다 중요한 것

· · ·

아이들이 당장 재미를 느끼는 스마트폰을, 아이들의 욕구를 반영하고 실현하는 데 활용하려면 무엇부터 해야 할까요? 스마트폰에 몰두하는 아이의 증상을 단지 중독이나 의존성으로 가볍게 판단하기보다 먼저 스마트폰에 몰두하는 이유를 아이와 함께 살펴야 할 것입니다. 소라처럼 부모의 눈보다 스마트폰을 들여다보는 시간이 더 많은 아이라면, 아마 부모 눈에는 아이가 스마트폰을 통해 제 마음대로 되지 않는 현실을 떠나 어떤 책임도 느끼지 않은 채 가상현실을 사는 것처럼 보일 수 있을 것입니다. 혹은 아이가 스마트폰을 통해 친구 관계든, 학업이든 현실의 바람을 이루는 더 나은 방법을 찾고 있는 것처럼 보일 수도 있을 것이고요.

하지만 부모로서 어떤 판단을 내리기 전에 아이와 대화를 나누는 게 먼저 필요합니다. 이미 스마트폰 없는 현실을 상상하기 어려운 시대에 스마트폰 사용을 완전히 차단하거나 거부할 수는 없을 것입니다. 따라서 시대의 변화를 수용하고 스마트폰에 빠져드는 아이의 입장에서 아이와 대화를 나눌 필요가 있습니다. 이렇게 아이와 함께 스마트폰에 몰두하는 이유를 살피는 과정에서, 아이와 부모의 욕구가 드러날 수 있습니다. 특히 부모가 스마트폰 중독을 염려하는 마음이 진심으로 아이를 위해서 생겨난 것인지 단지 부모의 불안 때문에 나타난 것인지 살필 필요가 있겠죠.

예를 들어, 아이는 자신이 요즘 들어 스마트폰에 더 빠져드는 이유가 시험을 앞두고 학업에 대한 부담을 느끼는 등 현실적인 불안을 달래기 위해서였음을 알게 될 수 있습니다. 한편, 부모는 자신이 유독 아이가 스마트폰에 중독되었다고 느끼는 이유가, 실은 모범생이기를 기대했던 아이가 학업에 집중하지 못하는 모습을 보이자 실망했기 때문임을 알게 될 수도 있습니다.

이렇게 이유를 파악했다면, 다음으로는 부모가 아이와 같은 상황이라면 어떠했을지 아이 입장에서 생각해 보아야 합니다. 아이는 학업에든, 친구와의 관계에든 불안과 부담을 느낄 수 있습니다. 하위징아는 놀이를 일상생활에 등장하는 간주곡이라고 말합니다. 놀이가 간주곡처럼 아이의 긴장과 불안을 덜어주는 행위가 될 때 아이는 일상생활에 더 충실하게 되고 자아실현자에 더 가까워질 것입니다.

또한 아이의 욕구를 살피는 과정에서 부모의 욕구도 함께 살피고 각자의 욕구를 충족시키는 방법에 대해 아이와 부모가 함께 고민한다면, 갈등을 줄이고 서로의 유익을 찾아갈 수 있을 것입니다. 예를 들어, 아이가 친구들과의 친밀한 관계를 바라면서 여전히 스마트폰을 원한다면, 이미 모바일 기기를 학습에 활용하는 것처럼 스마트폰을 가지고 아이의 욕구를 실현할 수 있는 방법을 함께 생각해 볼 수 있을 것입니다. 한편, 부모로서 아이가 부모의 말을 잘 따라주기를 바라고 부모 역시 스마트폰에 익숙하다면, 지금처럼 아이와 스마트폰을 접점으로 부모의 욕구를 실현할 방안을 함께 생각해 볼 수도 있을 것입니다.

좀 더 근본적인 욕구를 본다면

. . .

하지만 스마트폰이 주는 편리함과 유혹적인 힘 때문에 어떠한 동기로든 스마트폰에 과도하게 몰두할 수 있는 것 역시 사실입니다. 이미 중독된 물질이나 대상을 소비하는 데서는 즐거움을 얻기 어려운데요. 스마트폰을 사용해 즐거움을 얻지 못하는데도 불안한 마음에 스마트폰을 놓기 어렵다면, 지금 상태는 자발적이며 자족적인 행위인 놀이 상태와는 거리가 멀다고 말할 수 있을 것입니다.

아이가 스마트폰이 주는 유익과 즐거움을 충분히 누리게 하기 위해서라도 중독이 되지 않도록 도울 필요가 있습니다. 이때 무조건 아이에게 스마트폰을 빼앗는 것은 답이 될 수 없습니다. 결국 아이는 어떤 식으로든 원하는 것을 얻게 될 테니까요.

우리는 아이의 좀 더 근본적인 욕구를 들여다볼 필요가 있습니다. 아이의 충족되지 않은 욕구가 무의식적으로 스마트폰에 빠져드는 이유가 되지는 않았는지 충분히 살펴야 한다는 것입니다.

아이가 스마트폰을 사용하더라도 자기 욕구가 무엇인지를 분명히 인지한 상태에서 쓰게 된다면, 그저 중독적으로 스마트폰만 들여다보던 이전의 삶과 확실히 달라질 수 있을 것입니다. 때로는 무언가를 그저 아는 것만으로 상상치 못한 변화가 찾아오게 마련이니까요.

대화로 철학하기

〈 나에게 던지는 질문 〉

놀이에 깊이 빠져 있는 아이를 그대로 보고만 있기 어려웠던 적이 있는가?
그렇다면, 그 이유가 무엇이었다고 생각하는가?

어른인 나에게도 놀이나 재미를 통해 얻는 유익이 있을까?

현재 중독이다 싶을 정도로 깊이 빠져 있는 것
(SNS, 카페인, 일 등)이 있는가?
그렇게 빠진 이유는 무엇일까?

중독되거나 의존하는 대상을 '금지'함으로써 끊기 어렵다면,
그 이유는 무엇이라고 생각하는가?

〈 아이에게 던지는 질문 〉

요즘 스마트폰에서 어떤 기능을 가장 자주 사용하는가?
그 기능은 어떤 점이 좋은가?

어떨 때 스마트폰을 더 찾게 되는가?

기운이 없거나 기분이 나쁠 때 어떻게 기분을 푸는가?

정말 끊고 싶은데 계속하게 되는 것이 있는가?
있다면, 그것을 끊지 못하고 계속할 때 어떤 기분이 드는가?

놀이처럼 할 수 있는 일이나 공부가 있다고 생각하나?
왜 그렇게 생각하는가?

5장

어디까지가 가족일까

×

프리드리히 엥겔스

버트런드 러셀

에마뉘엘 레비나스

by 이지애

"엄마가 오늘은 늦잠을 자나 봐. 아, 배고프다…."

루비는 아침부터 투덜댄다. 진주는 뒹굴거리면서 루비를
놀린다.

"넌 눈뜨자마자 밥 타령이냐? 어제 저녁에 내 것까지 뺏어
먹었으면서."

"난 너보다 덩치가 크니까 그렇지. 아, 집 밖에 나가서
먹고 싶은 거 먹고 싶다."

"넌 먹는 것만 생각하냐? 그리고 혼자 밖에 돌아다니다
큰일 나면 어쩌려고! 너 지난번에 집 나갔을 때, 가족들이
얼마나 걱정한 줄 알아?"

진주는 볼멘소리로 루비를 다독인다.

"진주야, 너는 맨날 집에만 있으니까 바깥을 몰라. 나가면
얼마나 재미있는 게 많은데. 난 더 넓은 세상으로 나갈
거야. 내 맘대로 하고 싶은 거 하면서 살 거라고!"

"루비야, 우린 아직 어리잖아. 엄마가 다 돌봐주시는데
뭐가 걱정이야."

"넌 참 단순해서 좋겠다. 자유도 없이 갇혀 사는 게 뭐가

좋아? 그리고 우린 아빠도 없잖아. 이건 진짜 가족이
아니야. 종원이 형이랑 재희 누나도 그래. 진짜
형제자매도 아닌데 어떻게 가족이냐고."
"난 아냐. 난 우리 가족이 너무너무 좋아. 같이 살고,
맛있는 거 먹고, 함께 놀러 다니고, 즐겁게 지내는데, 왜
진짜 가족이 아니야?"
그때였다.
"진주야, 루비야! 밥 먹자!"
엄마의 다정한 목소리에 진주와 루비는 언제 그랬냐는
듯이 방 앞으로 달려간다.
"고모, 우리 거북이들 많이 컸네!"
혼자 사는 고모 집에 놀러 온 종원이와 재희도 거북이
집으로 달려가 루비와 진주를 살펴본다.

1.

'진짜 가족'에 대해
생각할 시간

　　　　　　　　　　"엄마, 강아지는 가족이야 아니야?" "그
럼, 할머니는? 큰아빠랑 이모랑… 아 맞다. 이모부는?" "같이 살아야
만 가족이야?"

　아이의 이런 질문들에 한 번쯤 멈칫했던 적 있을 것입니다. 단
번에, '정확히 누구는 가족이고, 누구는 아니다'라고 말할 수 있는
분이 많지는 않을 거라 짐작합니다. 그도 그럴 것이, 가족처럼 지내
는 존재들이 참으로 많아졌습니다.

　아이 하나 키우기도 힘든데 개와 고양이는 물론 햄스터, 거북이,
장수풍뎅이, 물고기 등 각종 반려동물 키우기가 유행처럼 번져갑니
다. 아이들의 정서 발달을 위해 키우기 시작한 이 동물들이 어느새

또 하나의 '자식'이 되어, 먹이고 입히고 배설물 치워주고 동물병원 들락거리는 '돌봄 노동'을 요구하는 존재들이 되어갑니다. 그리고 이 존재들은 점점 대화의 중심에 들어와 또 다른 '가족' 구성원으로 자리를 잡아가네요. 밖에서 공부와 일에 지쳐 집에 들어왔을 때, 다른 식구들보다 이 녀석들이 먼저 나를 반겨주고 아무런 잔소리 없이 스트레스를 날려주기에 키우는 보람을 더 느끼며 온갖 애정을 쏟아붓게 되는 것이겠죠.

그런데 반려동물이 아무런 거부감 없이 우리의 가족이 되어가는 이 시대에, 아이러니하게도 정작 법적으로 묶인 사람들은 서로를 가족이라 여기길 점점 꺼리는 현상이 만연해지고 있습니다. 세대 간 가치관 차이로 불편한 조부모-부모-자식 관계, 서로 말을 섞지 않는 형제자매 관계, 소통이 잘 안 되는 답답한 부부 관계… 그 헛헛한 사이를 강아지와 고양이가 메꿔주고 있는 것이죠. 가족 '같은' 존재들이 '진짜' 가족의 자리를 찬탈하고 있는 것은 아닐까요? 앞서 등장한 에피소드는 이러한 아이러니를 은유적으로 표현합니다.

도대체, 가족이란 무엇일까

• • •

한 1인 가구 독신 여성의 가족 반열에 올라 있을, 매우 융숭한 돌봄을 받는 반려 거북들. 그들은 마치 우리 아이들의 마음을 대변해 주듯, 가족에 대해 서로 다른 생각을 가지고 대화합니다. 세상에 태어나 만난 최초의 보호자에게 충분한 의식주를 공급받으며 양육되고 있으니 그것만으로도 감사하다고 말하는 진주. 그렇게 자신을 길러 주는 존재에게 늘 사랑한다고 서슴없이 말하고 아무런 걱정 없이 좋다는 표현을 자주 하는 순한 '진주' 같던 때가 우리 아이에게도 분명 있었는데 말이죠. 아이는 어느새 자기 생각 뚜렷한 '루비'로 변해갑니다. 가족의 보호를 오히려 억압으로 느끼며 집보다 밖이 더 좋다고 하면서요.

자신의 세계를 만들기 위해 그런 모험을 하는 것이면 좋으련만 걱정부터 앞섭니다. 집이라는 안전한 울타리 속에서 자유를 누리지 못하고 밥만 먹곤 자기 방으로 쏘옥 들어가 버리는 아이에게 상처받은 부모는 '진주 같은 반려동물'에라도 위로받고 싶어 합니다. 하지만 '루비 같은 아이'는 부모가 자신들을 애완동물 취급하듯이 양육하고 있다면서, 기회가 닿을 때마다 가족이라는 족쇄를 벗어던지려 합니다. 자기가 원하는 진짜 가족을 찾아서 말이죠.

그렇다면, 묻지 않을 수 없습니다. 도대체 '가족'이란 무엇일까요? '가족 관계 증명서'에서 보여주는 민법에 규정된 가족 개념(1. 배우자, 직계혈족 및 형제자매. 2. 직계혈족의 배우자, 배우자의 직계혈족 및 배우자의 형제자매. 단 2는 생계를 같이하는 경우에 한함)이 답이 될까요? 결코, 그렇지 않을 것입니다. 우리가 생각하는 가족의 의미는 법적인 개념 그 이상일 것입니다.

가족에 대해 성찰해 봐야 하는 이유

· · ·

'진짜 가족'의 구성원이 될 수 있는 조건은 무엇일까요? 단순히 같은 공간에서 생활을 공유하면 다 가족일까요? 멀리 떨어져 있어도 얼마든지 가족일 수 있을까요? 무조건적 사랑으로 이해하고 감싸는 관계가 가족일까요? 반목하고 지내도 피로 맺어진 가족이면 끝까지 가족일까요? 남들은 당연히 가족이라고 할 만한 구성원이 진짜 가족으로 느껴지지 않는 이유는 뭘까요? 반려동물도 가족일 수 있는 이유, 혹은 절대 가족이 될 수 없는 이유가 있다면 그것은 정확히 무엇일까요? 과연 무슨 기준으로 가족인지 아닌지를 판단할 수 있을까요? 그 기준이 저마다 다르다면? 그러니까, 같은 가족들 사이에서도 어느 존재에 대해 서로 가족이다, 아니다 갈등이 일어난다면 어떻게 할까요?

이렇게 꼬리에 꼬리를 문 질문들이 봇물 터지듯 솟아납니다.

아이를 키우게 되면서, 우리는 이미 새로운 가족 관계 안에 들어오게 되었습니다. 삶의 중심을 '가족'이 차지하기 시작한 것인데, 정작 가족의 의미와 본질에 대해 깊이 성찰할 기회를 갖기란 쉽지 않습니다. 그러나 이런 성찰의 시간을 충분히 갖지 못한다면 새로운 관계에서 발생하는 크고 작은 문제들, 즉 육아 스트레스, 배우자와 배우자 가족과의 문제 등이 다가왔을 때 감당하기 어려울지 모릅니다.

지금부터 철학자들의 도움을 받아 '가족'에 대한 물음들을 차근차근 풀어보려 합니다. 철학자들이라고 해서 구체적인 답을 제시해 줄 거라 기대하지는 않습니다. 철학은 원래 정답을 가르쳐주는 학문이 아니니까요. 하지만, 적어도 철학자들은 우리가 당연하게 받아들인 이야기들을 집요하게 탐구하는 사람들이니, 모처럼 솟아오른 '가족'에 대한 의구심들을 스스로 풀어갈 수 있도록 안내자 역할은 해주지 않을까요? 인생의 해답은 남에게서 주어지는 것이 아니라 저마다 스스로 터득하는 것. 저는 그 과정이 진짜 철학하는 사람의 살아 있는 철학함이라 믿습니다.

2.

가족은 왜, 어떻게
생겨난 걸까

한 사회가 법적으로 정한 '가족'은 두
가지 신고서에 의해 탄생합니다. 바로 '혼인신고서'와 '출생(또는 입
양) 신고서'입니다. 이로써 가족은 한 사회를 구성하고 유지하는 기
본 단위로서, 국가가 법적으로 보호도 하지만 통제도 할 수 있는 대
상이 되는 것이죠.

동창, 친구, 이웃, 동호회 사람 들과의 관계와는 비교도 할 수 없
는 법적 책임과 구속력을 동시에 지니는 관계가 '가족'입니다. 그래
서 결혼하고 아이를 낳고 키우는 것이 인간에게 지극히 개인적인
영역임에도 불구하고, 국가가 나서서 '관리'해 주는 사회복지 차원
의 공적 영역이 된다는 것입니다.

국가의 관리가 왜 문제가 되냐고 반문하실지 모르겠습니다. 하지만 웬만큼 내공이 쌓인 복지국가가 아니면, 이렇게 두 영역이 혼재해 있는 '가족' 관련 정책들에는 늘 논란이 끊이지 않고 있습니다. 특히 우리가 익히 알고 있듯이, 가부장적 사회의 산물인 호주제와 상속제 등 여성에게 불평등했던 법들이 그동안 많은 굴곡을 겪으며 개정되고 있음에도 불구하고(아들-딸 균등 상속 1991년, 호주제 폐지 2005년 등), 우리 사회에서는 법적인 가족의 탄생과 그 존속을 위해 여전히 여성의 인권이 침해되고 있다는 지적이 많습니다. 참 씁쓸한 일이죠.

몇 년 전, 정부가 저출산 범부처 대응 차원에서 지자체별 출산율 경쟁을 위해 전국 가임기 여성 인구 통계를 담은, 소위 '대한민국 출산지도'를 공개했다가 큰 논란이 되었던 사건만 봐도 그렇습니다. 국가 차원에서는 지역별 임신, 출산, 보육 지원을 한다는 의도였다고 하지만, 가임여성 인구 자체가 지역별 출산율과는 직접적인 상관도 없을뿐더러 무엇보다 여성을 '애 낳는 도구'로 비하했다는 데는 재론의 여지가 없으니까요.

그나마 다행인 건, 이 지도가 공개되자마자 커다란 반발이 일었다는 사실일 것입니다. 문제가 무엇인지 인지하는 이들이 늘어났다는 뜻일 테니까요.

어머니 중심에서 아버지 중심으로

· · ·

다행스럽게도, 한 사회의 '법적으로 규정된 가족'의 기준과 그 의미는 시대 흐름에 따라 얼마든지 달라질 수 있습니다. 사적인 영역과 공적인 영역에 대한 가치관 변화와 함께, '가족'의 법적인 개념 역시 역사적으로 탈바꿈하게 마련이죠. 그러한 변천사는 우리에게 현재 우리의 가족 개념과 가족 제도에 깔려 있는 생각 들을 들여다볼 수 있게 할 것입니다.

바로 이러한 사회학적 맥락에서 '가족'에 대한 철학적 통찰을 제공한 철학자가 있습니다. 독일의 사회주의 철학자이자 경제학자인 프리드리히 엥겔스Friedrich Engels가 대표적이라고 할 수 있는데요. 그는 카를 마르크스Karl Marx와 함께 변증법적 유물론을 주창하고 자본론을 완성하면서 '마르크스주의Marxism'를 실천해 나간 노동운동가였습니다. 엥겔스는 1884년 펴낸 《가족, 사적 소유, 국가의 기원Der Ursprung der Familie, des Privateigenthums und des Staats》 2장에서 가족의 네 가지 형태를 다루고 있습니다.

노동운동가가 왜 가족에 관심을 두게 되었을까요? 엥겔스는 마르크스의 유고를 정리하다가 당시 인류학자, 사회학자 들의 연구를 분석한 글을 발견하게 됩니다. 이것이 사회주의에 힘을 실어주는 '가족 변천사'를 제시할 수 있다는 것을 깨달은 그는 연구를 더 심화시켜 갑니다. 그는 유물론적 역사의 관점에서 인류 문명의 발전

단계	가족 형태	특징
1	혈연 가족	같은 세대 내 형제자매 누구나 혼인 가능. 세대 간 부부 관계는 금지.
2	푸날루아 가족	형제자매 간 부부 관계 금지, 친족 내 남편과 아내 상호 공유, 공동의 남편과 아내는 서로 '푸날루아'로 부름.
3	대우혼 가족	일부다처제, 여자에게 정조 요구됨.
4	일부일처제 가족	혼인 관계가 공고하게 유지되어야 함 (단, 노예제가 공존하던 시대에는 일부다처 가능).

단계를 '야만-미개-문명'으로 나누고 그 단계에 따른 가족 형태를 당시 구체적인 자료를 토대로 분석합니다.

이에 따르면, 인류 진보의 역사로 볼 때 야만의 시대에는 가족의 첫째 단계인 '혈연 가족' 형태를 나타내다가, '푸날루아punalua(친근한 동료, 동반자) 가족' 형태로 변화했다고 합니다. 이러한 원시 공산주의적 사회에서의 두 가지 가족 형태를 보면, 부부가 일종의 집단적 혼인 관계(군혼群婚) 형태를 보이며 혈통은 모계만 인정됨을 알 수 있습니다. 그러다가 미개 시대로 접어들어 씨족사회로 발전되면서 세 번째 단계인 '대우혼 가족' 형태가 전개되는데요. 이때 남자에게는 일부다처제의 권리를 주지만 여자에게는 정조가 요구됩니다. 부부의 인연은 쌍방이 쉽게 끊을 수 있으나, 자녀들은 여전히 어머니에게 속합니다. 마지막으로, 문명 시대가 되면서 대우혼 가족에서 현재의 '일부일처제 가족'이 발전되어 나왔습니다. 대우혼과 달리 혼인 관계가 공고하게 유지되어야 하는 형태였죠.

이러한 변화는 남성과 그들 노예의 노동력이 증가되면서 잉여 재산이 축적된 덕에 가능했다고 엥겔스는 말합니다. 바로 이 생활 양식의 변화로 인류의 가족 형태가 모권 중심에서 부권 중심으로 대변혁이 일어난 것입니다.

엥겔스는 이 점에 주목합니다. 현재 우리가 당연하게 받아들이고 있는 일부일처제 가족은 결코 자연적으로 발생한 것이 아니라, 인류 역사의 전개 과정에서 나타난 인간의 '경제적 조건'에 기초한 것이라는 거죠. 일부일처제 가족은 가족의 우두머리(남성)가 자기 가족의 사적 소유를 보호하고 그 재산을 자신의 혈통이 분명한 직계비속(아들)에게 물려주어 사유재산권을 유지할 수 있게 만든 인류 최초의 '자본주의' 가족 형태인 셈입니다. 다시 말해, 현대 자본주의 사회의 일부일처제 가족 형태는 철저히 여성에게 불공평하고, 가족 내 남편의 지배력을 강화하는 가부장적 구조이며, 더 나아가 사적 소유의 승리에 기초한다는 통찰입니다.

가족, 그 풀리지 않는 매듭

• • •

엥겔스의 이야기를 정리하면, 가족은 인류의 경제적 생활양식 발전에 따른 사회문화적 산물이라는 것입니다. 때문에, 일대일 부부 관계를 근간으로 한 현대의 가족 형태가 인간 고유의 본성이나 인류 보편의 존엄성이 발현되는 과정에서 자연스럽게 산출된 형태는 아니라는 말이죠.

물론 엥겔스의 사회·경제적 맥락에서의 가족 탄생 논의를 반박하는 견해들이 많을 것입니다. 그러나 그의 논의는 오히려 가족에 대한 현실 감각을 일깨워주는 데 도움이 됩니다. 현재 우리 사회에서 벌어지고 있는, 재산을 둘러싼 가족 구성원들 사이 온갖 갈등의 근본적인 원인이 무엇인지, 왜 재산으로 가족이 등을 지게 되는지, 그 문제들의 본질을 보게 해주니까요. 현대 자본주의 사회에서 우리가 부딪히게 되는 많은 '법적 가족' 문제들이, 실은 가부장적 가치관이나 가족 중심의 사유재산 상속에 따른 것이라는 점을 부인할 수 없는 것이죠.

물론, 이런 맥락에서 가족을 이해하는 것이 가족 개념의 전부는 아닐 것입니다. '가족'을 하나의 이데올로기로 파악하여 가부장적 가족 개념을 비판하는 여성주의 철학에서도 '가족 해체'만을 근본 해결책으로 보지 않습니다. 여기서 문제는 가족을 유지하는 데 중요한 관건이 되는 이 '경제력을 누가 어떠한 방식으로 운영하느냐' 하는 것이고, 이 문제에 대한 해법을 모색하는 것이 현대사회 어떠한 형태의 가족에서건 피할 수 없는 숙제라는 것입니다.

130여 년 전 엥겔스는 문명이 더 발전해 단혼 가족 안에서도 양성평등이 실현되고, 생산수단의 공동 소유화와 집안 살림의 사회적 사업화, 보육·육아의 공공 사업화(그래서 사생아, 적자 등 모든 아동이 똑같이 돌봄을 받게 됨) 등이 이뤄지는 인류의 다섯 번째 가족 형태를 이상적으로 예언한 바 있습니다. 100년 전 사회주의 국가들에서는 물론, 현대 복지국가들에서도 이러한 이상을 실현하기 위한 여러 시행착오가 벌어지고 있습니다.

하지만, 경제적인 압박이나 가사 노동의 편중 현상이 줄어들고 있다 해도 여전히 우리에게 가족은 버겁기만 합니다. 왜일까요? 생활양식이 개선되고 사회와 국가가 구조적으로 돕더라도 늘 풀리지 않는 매듭이 우리의 '가족' 안에는 항상 도사리고 있는 것 같습니다. 가족 밖에서 가족 아닌 사람들이 한꺼번에 풀어줄 수 없는, 가족 스스로 풀어야 할 매듭들 말이죠. 가장 친밀한 관계이고 가장 큰 기쁨을 주는 관계인 동시에, 그래서 더욱 많은 상처를 주고받게 되는 관계, 가족. 이 매듭을 같이 풀어줄 철학자들은 없을까요?

3.
나의 얼굴과 너의 얼굴이 마주한다면

엥겔스가 가족 탄생의 두 중심축 중 부부 관계를 가지고 가족의 발전 단계들을 분석했다면, 이제 다른 중심축, 부모·자식 관계에서 가족의 의미를 분석해 보려고 합니다. 가족 사이의 풀리지 않는 매듭은 특히 이 관계에서 발생하기 쉽습니다. 가족 내 문제는 결국 그 주체가 되는 인간들의 내면에서 일어나는 것이기 때문에, 이에 관한 탐구는 그 무엇보다 중요합니다.

먼저 밝혀둘 것은, 철학자들이라고 해서 가족 관계가 다 원만했다거나 사랑이 넘쳐나는 행복한 가정생활을 하지는 않았다는 것입니다. 오히려 그 반대가 더 많습니다. 가족 사이에서 실망하고 좌절하고 버려지기도 버리기도 하면서, 그로 인한 강한 억압과 압박감

속에 마치 조개가 진주를 만들어내듯 심오한 철학을 잉태해 냈다고
도 볼 수 있겠네요.

그러고 보면, 훌륭한 사람들 뒤에 반드시 훌륭한 양육자가 존재
하는 것도 아니고, 좋은 부모 아래서 반드시 좋은 아이가 키워지는
것도 아닌가 봅니다. 훌륭함과 좋음의 기준을 좀 더 따져봐야겠지
만, 우리 인생이 그러하듯 특히 가족이란 인풋input과 아웃풋output이
딱딱 맞아 떨어지는 셈이 통하지 않는 관계인 모양입니다. 어떻게,
위로가 좀 되시나요?

인격적 사랑이 아니면, 그건 사랑이 아니다
・・・

가족 관계 회복에 대한 상담 프로그램이나 심리학 서적이 넘쳐나는
요즘, 고리타분한 철학자들의 조언이 얼마나 도움이 될지는 잘 모
르겠습니다. 가족을 본격적으로 탐구한 철학자들이 드물기도 하고
요. 그러나 가족의 본질을 꿰뚫으면서 인간의 행복과 좋은 부모 됨
을 연결하는 '러셀의 행복론'만큼은 우리가 귀 기울여 볼 만합니다.

철학자이자 수학자, 교육개혁자, 평화운동가이기도 했던 버드런
드 러셀Bertrand Russell은 20세기 위대한 사상가이자 대중을 대상으로
수많은 책을 쓴 문필가로도 손꼽히는데요. 그는 행복론의 정수를 담
은 자신의 책《행복의 정복The Conquest of Happiness》13장에서 좋은 부

모가 되는 것이 행복으로 가는 길 중 하나라고 이야기합니다. 어려운 철학적 논증을 피하고 자신의 경험을 바탕으로 쉬운 에세이 형식을 취한 이 글의 핵심 주장은 '자녀를 인격적으로 존중할 수 있는 사람들만이 부모 됨의 기쁨을 누릴 수 있다'는 것입니다.

지금 우리에겐 너무 당연한 상식이죠? 그런데 그 내용을 살펴보면, 90년 전 자유연애주의자 철학자 할아버지가 과연 어떻게 이런 말을 했을까 싶습니다. 마치 우리의 실수들을 곁에서 보고 있는 듯 매우 따끔한 충고들을 해주고 있거든요.

러셀은 평등한 관계의 가족을 지향합니다. 그리고 자신에게 첫 아이가 태어났을 때 지었을, 그 감격에 겨운 '아빠 미소'를 연신 보이며, 부부간의 사랑이나 다른 집 아이에 대한 사랑과는 비교도 할 수 없는 자기 자녀에 대한 사랑을 이야기합니다. 자녀에 대한 부모의 이 특별한 사랑이 가족의 요건, 핵심적 토대라고 말하면서요.

그런데 왜 그 사랑이 행복으로 연결되지 못하는 걸까요? 러셀의 진단은 이렇습니다. 현대의 부모는 자녀에게 강압적으로 자신의 힘을 과시하던 전근대적 가부장과 자신이 다르다고 하면서도, 알게 모르게 아이를 자기 뜻에 맞춰 장악해 가는 데 기쁨을 느끼고 있다는 것입니다. 예를 들어, 분명히 혼자 밥을 먹을 수 있는 아이 곁에서 밥을 떠먹여 주는 것은 겉으론 아이를 도우려는 의도라지만 실은 부모의 이기적인 소유욕에서 아이가 계속 부모에게 의지하게 만들려는 전략이라고 말합니다. 밥 떠먹이기는 러셀이 든 쉬운 예이지만, 이러한 상황은 부모·자식 관계에 여러 가지로 적용해 볼 수 있겠습니다.

사랑이라는 이름으로 가족 안에서 휘둘러지는 '갑질'은 가족 모두를 불행하게 만듭니다. 행복은 저절로 얻을 수 있는 것이 아니라 정복해 가는 것이라고 주장하는 러셀이기에, 그는 부모가 확신을 가지고 자녀를 인격적으로 존중하고 세심하게 배려하기 위해 강한 노력을 해야만 그 특별한 사랑을 행복이라는 기쁨으로 바꾸어 지속시킬 수 있다고 말합니다.

부모 욕심이 자녀를 망친다는 것쯤은 누구나 알지만, 아이에게 '인격적 사랑'을 주는 게 생각만큼 쉬운 일은 아니죠. 때때로 우리는 어디까지가 인격을 키우는 훈육이고 어디서부터가 부모의 이기적인 분노인지 혼란스럽기만 합니다. 하지만 러셀의 말에서 다시금 깨닫습니다. 가족 안에서 힘겨루기는 안 된다는 것을. 아이를 끝까지 인격적으로 사랑할 때라야, 가족은 원석을 보석으로 만들 수 있는 일상적 삶의 터가 된다는 것을 말입니다. 권력욕, 소유욕, 혹은 헌신적 사랑으로 위장된 이기적 욕망에서 벗어나 가족 구성원을 하나의 인격체로 존중하고 사랑할 때, 가족은 진짜 행복을 맛볼 수 있는 공동체로 변모하고 성숙해진다는 것이죠. 사랑은 본디 인격적 존재들 사이에서만 성립할 수 있는 것인데, 상대방을 비인격적으로 대우하는 이기적 욕심을 사랑으로 착각하는 이 세태 속에서 어느덧 가족 간의 사랑도 변질되어 가고 있었던 건 아닐까요?

얼굴과 얼굴을 마주한 관계

• • •

그런데 여기서 또 의문이 생깁니다. 우리의 '진짜 가족' 탐구는 '혈연으로 맺어진 가족이 아니어도 가족이라고 할 수 있을까?' '법률상 가족이어도 가족으로 여겨지지 않는 이유는 무엇일까?' 등 가족의 본질에 대한 물음에서 출발했습니다. 또한, 가족 형태가 다양하게 변화하는 현대에 부모·자식 간의 특별한 사랑, 인격적인 사랑을 여전히 가족 구성의 요건, 가족을 이루는 핵심적 기반으로 이해하는 것은 시대에 맞지 않는 것 같기도 합니다. 물론 그것이 가족의 기본적 기둥이고 아무리 강조해도 지나치지 않을 만큼 중요한 것임은 분명하지만 말이죠.

그렇다면, 앞서 러셀이 말한 부모의 그 특별한 사랑을 어떻게 재해석해야 다양한 가족 형태에도 적용할 수 있을까요? 자녀가 없는 부부에게도, 부모의 사랑을 받아보지 않은 사람에게도, 혼자 살아가는 사람에게도 가족의 행복을 맛볼 수 있게 해주는 사랑, 가족의 요건이 되는 그 사랑이란 무엇일까요? 인격적 대우와 세심한 배려는 모든 인간관계에 적용되는 것이라, 가족이 되는 특별한 요건으로는 부족해 보입니다. 이 인격적 사랑의 밋밋함에 경종을 울리는 흥미로운 생각을 꺼낸 철학자가 있어서 연결해 보고자 합니다. 만약 이 연결이 설득력을 가진다면, 가족의 의미를 좀 더 넓게 볼 수도 있겠습니다.

바로 '타자성의 철학'이라는 독특한 사상을 전개한 리투아니아 태생의 유대계 프랑스 철학자 에마뉘엘 레비나스Emmanuel Levinas입니다. 그의 강연을 모아 펴낸 책《시간과 타자Le temps et l'autre》의 마지막 4강 '생산성(비옥성)'에서 레비나스는 '타자의 타자성'의 예로 아버지와 아들의 관계를 이야기합니다.

그는 아버지에게 있어 아들은 자신의 작품이나 소유가 아니라 하나의 자아이고 인격이라고 주장합니다. 여기까지는 러셀의 생각과 크게 다르지 않아 보이네요. 그런데 레비나스는 한 발 더 나아가 아이는 나와는 전혀 다른, 그래서 나와는 철저히 하나가 될 수 없는 '낯선 이', 즉 타자라고 말합니다. 분명 나에게서 나온 존재이지만 나는 아니며, 나의 연장선에서 보려다간 아이에 대해 놓치는 것들이 많다는 것입니다. 그래서 상호 소통이 어려운 그 '다름(낯설음)'이 곧 고통입니다. 아이러니한 점은 그런 타자의 다름(타자성)을 오롯이 받아들일 때, 오히려 나의 존재와 그의 존재가 더 분명해지면서 각자가 주체적 자아로 홀로서기를 이룰 수 있다는 것입니다.

모든 존재자들은 '무엇 때문에'가 아니라 그냥 '존재하는 것 자체로' 고독합니다. 이런 본질적 고독이 두려워서 섣불리 '우린 하나'라고 서로를 묶어버리는 것은 타자의 타자성을 소멸해 버리는 무서운 '함께(집단성)'입니다.

레비나스의 이러한 타자 개념에는 사실 서구 근대 철학에 대한 강한 비판이 들어 있습니다. 인간은 근대 이성으로 주체적 사유를 하면서 끊임없이 나와 다른 것들을 나와 같게 만들어 포섭하려는 오만함을 펼쳐갔습니다. 이데아 세계에 비추어 공동의 이상 아래로 모두가 '어깨를 나란히' 하는 집단성을 희구했다는 것이죠. 인간들이 주체적으로 사유하고 합리적 판단으로 목표를 세우고 함께 나아가는 것에 문제가 없어 보이는 상황에서, 레비나스는 그 전체성이 뭉개버리는 타자의 함성을 듣습니다. 마치 아우슈비츠 독가스실에서 죽어가는 사람들의 아우성처럼 말입니다.

이 점에서 레비나스의 철학은 독특합니다. 그는 '철저히 다른 타자의 개별성을 인정해 주자' 정도로 설교하지 않습니다. 그랬다면 얼마든지 합리적 이성으로 설득 가능하고 누구라도 이해되는 메시지일 것입니다.

레비나스의 '타자'는 어딘가 멀리 있는 그저 낯선 이가 아닙니다. 그 타자는 나와 그 어떠한 매개체 없이 '얼굴과 얼굴을 마주한 대상'입니다. 여기서 얼굴은 나의 전인격과 그의 전인격입니다. 그래서 '나'는 구체적 시간과 공간 속에서 그 타인을 외면할 수 없는 상황이고, 마주한 그 타자의 얼굴에 책임이 있습니다. 시간이 없는 영원한 세계의 추상적 진리로는 해결할 수 없는, '지금, 여기, 이렇게' 마주한 타자. 그 절대적 마주함의 경험 앞에서 잡히지 않던 미래는 오히려 현재가 됩니다. 그렇게 얼굴과 얼굴을 마주한 관계가 레비나스가 말하는 타자와 나의 관계, 아버지와 아들의 관계입니다.

또한, 그는 《전체성과 무한 *Totalite et Infini*》에서도 가족을 국가의 구성단위 그 이상의 것으로 보았습니다. 가족이 플라톤이나 헤겔의 주장처럼 어떤 보편적 목적을 위해 수단화될 수 있는 것이 아니라고 주장합니다.

그의 생각을 따라가다 보니, 가족이야말로 그가 말하는 진정한 '타자'가 아닐까 그리고 가족의 요건이 되는 그 사랑은 바로 얼굴을 마주한 타자에게 가지게 되는 그 '책임'이 아닐까 싶습니다. 단순히 희생을 당연시하며 부양의 책임에 부담을 가져야 하는 관계가 아니라, 그 타자(가족 구성원)와의 마주함 때문에 오히려 나의 존재를 깊이 깨닫고 서로 철저히 다르기 때문에 사랑할 수밖에 없는, 아니 사랑하는 것 외에는 다른 방도가 없는 그런 관계가 바로 가족인 것이죠. 바꿔 말하면, 가족의 사랑이란 피할 수 없는 얼굴과 얼굴의 마주함에서 비롯되기에 그런 사랑만 있다면 그 어떠한 존재와도 가족이 될 수 있다고 할 수 있겠습니다.

너와 나의 시간이 역사를 만들 때
· · ·

만일 이미 맺어진 가족 사이에 그 특별한 사랑이 식어버려 서로가 서로를 가족처럼 느끼지 못한다면, 바로 이러한 마주함이 사라지고 있기 때문일 것입니다. 전인격적인 만남이 이루어져야 할 그 시공간에 '얼굴'은 없고 TV와 공부와 일과 먹거리를 매개로 모두가 나란히 앉아 있을 뿐. 그러한 '함께함'에 '진짜 나'와 '진짜 너'가 사라진다면, 가족이란 이름은 구성원 모두에게 버거워질 것입니다.

다만, 레비나스가 말한 '타자의 얼굴'은 시간과 관계하기에, 한 가지 더 가족의 의미를 새롭게 드러냅니다. 분명, 가족 구성원끼리의 얼굴과 얼굴의 마주함은 자유로운 선택에 의한 것이 아닙니다. 그래서 더 타자의 타자성을 드러냅니다. 부모도 이런 자녀를 고른 것이 아니고, 자녀도 부모를 자유롭게 선택한 것이 절대 아닙니다. 형제자매도 마찬가지고요. 여기서 중요한 것은 얼굴과 얼굴을 마주한 관계가 그저 흘러가는 시간을 붙잡아 나의 시간, 너의 시간에 엄청난 의미가 되는 '역사'를 창출해 낸다는 것이죠. 그래서 우리는 '진짜 가족'과 마주한 그 평범한 일상의 시간 속에서 천상적(무시간적) 존재들도 부러워할, '지금-여기 그 특별한 사랑의 기쁨'을 누릴 수 있다는 것입니다.

이러한 기쁨을 경험하기 위해 사람들은 오늘도 진짜 가족에 목말라하며 새로운 가족을 찾아 나서고 있는 것 아닐까요? 파랑새는 이미 우리 집 안에 있을지 모르는데 말이죠.

대화로 철학하기

내가 생각하는 '진짜 가족'의 조건은 무엇인가?

한 가족의 '리더'는 누구여야 한다고 생각하는가?
경제권이 그 리더십을 결정하는가?

사랑이라는 이름으로 내가 내 가족에게 욕심을 부린 것이 있다면?
혹은 가족들이 내게 무리하게 요구한 것이 있다면?

나의 가족 구성원이 어느날 갑자기 낯설게 느껴졌던 때가 있는가?
그 낯설음의 이유는 무엇이었을까? 나는 그것을 어떻게 대했는가?

우리 가족과 얼굴과 얼굴을 맞대고 함께
'의미 있는 시간'을 만들어본 적이 있는가?
있다면 그 시간이 의미 있다고 느끼게 된 이유는 무엇인가?

〈 아이에게 던지는 질문 〉

나에게 '가족'이란? 가족이 될 수 있는 것과
가족이 절대 될 수 없는 것의 예를 들어보면?

집이 가장 편하다고 느꼈을 때,
그 반대로 집에서 너무 자유롭지 못하다고 느꼈을 때,
각각 언제가 그랬는지 이야기해 보자. 집은 나에게 무엇인가?

나에게 '좋은 부모님'이란? 용돈을 많이 준다,
야단을 치지 않는다 등 구체적인 예를 들어서 정의해 보자.

나는 부모님을 '인격적'으로 대하고 있는가?
부모님에게 나에 대한 사랑을 강요(?)하고 있진 않은가?

부모님도 '인간'이라고 느낀 때는 언제인가? 그 이유는 무엇인가?

미래에 나의 가정을 만든다면, 나의 가족과
(매일, 매달, 일 년에 한 번씩) 꼭 하고 싶은 것은 무엇인가?

6장

남혐·여혐, 뭐라고 말할까

×

벨 훅스

막스 셸러

제러미 리프킨

by 이소연

오늘도 아침부터 훈이와 소진이는 티격태격이다.

"너 얼굴에 뭐 묻은 건 아냐?"

"……."

"너한테 그 화장이 어울린다고 생각해?"

"아빠도 예쁘다고 했거든!"

"그런다고 그 얼굴이 어디 가냐?"

중학생이 된 훈이는 부쩍 친구들끼리 몰려다니더니
동생 소진이를 못마땅하게 보기 시작했다. 연년생 남매인
훈이와 소진이는 작년까지도 유난히 붙어 다니던 친한
사이였다. 소심한 편에 몸이 약했던 훈이는 호기심 많고
씩씩한 소진이를 은근히 부러워했고 소진이는 밤늦도록
오빠와 수다 떠는 걸 재미있어했다.

그랬던 훈이가 중학교에 가더니 어느새 덩치도 커지고
친구들을 따라 복싱을 배우러 다니겠다고 했다. 집에
와선 소진이와 말도 섞지 않고 제 방에 들어가 컴퓨터
모니터만 바라보았다. 초등학생 때만 해도 친한 친구
없이 소진이와 어울리는 게 마음에 걸렸었는데…

훈이는 언제 그랬냐는 듯 달라지더니, 소진이를 바라보는 눈빛이 점점 더 못마땅해지고 있다.

소진이도 훈이의 변해버린 태도에 오빠를 무시하거나 피하려고만 했다.

"엄마, 오빠 왜 저래? 얼굴 얘기나 하고, 너무 무식한 거 아냐?"

"훈아, 너 왜 그래? 소진이 너도 오빠한테 무식이 뭐야?"

훈이는 얼굴이 붉어지더니 소리를 지른다.

"얼굴에 뭐 덕지덕지 바르기나 하는 주제에! 지도 여자라고 외모가 다다, 이거지?"

"여자라고 외모가 다라니? 난 공부도 오빠보다 잘하거든. 오빠야말로 힘만 세고 잘난 척하는 남자애들이랑 몰려다니더니 더 무식해진 거 아냐?"

"아휴, 너희들 말이 너무 심하잖아! 무슨 남매끼리 여자가 어쩌니 남자가 어쩌니…. 너희 학교 가서도 남자끼리 여자끼리 하면서 이렇게 싸우니? 당신도 못 들은 척하지 말고 이리 와서 말려봐요!"

1.   '여성다움'
      '남성다움'의 탄생

유난히 붙어 다니던 각별한 남매 훈이와 소진이는 한창 사춘기에 들어서더니 서로를 남처럼 무심하게 대하거나 원수처럼 비난하기 바쁩니다. 어린 자녀들이 점점 자라면서 신체적·정서적으로 특정 성性 혹은 젠더gender에 속해 있음을 주장하며 갈등하는 모습을 지켜보고 있노라면, 부모는 상당한 혼란을 경험하게 됩니다.

아이들은 성장하면서 또래 집단과 어울리는 시간이 늘어나고 부모뿐 아니라 또래 집단을 통해 성 정체성gender identity을 배워갑니다. 훈이와 소진이처럼 친밀한 사이였던 남매조차 특정 성별의 또래 집단에 속하게 되면, 소위 '남성다움' 혹은 '여성다움'이라는 성 정체성을 강하게 드러내면서 젠더 갈등을 경험하기도 합니다.

차별을 개선하려는 지속적인 노력에도 불구하고 여성 혐오·남성 혐오가 심화되는 우리 사회에서, 가정에서조차 남매가 갈등하는 모습을 보는 부모라면 어떤 마음이 들까요? 어린 자녀들조차 각자의 개성보다 성차性差를 강조하기 시작하고, 소위 '여성다움' '남성다움'을 추구하는 모습에 부모의 고민은 깊어질 수밖에 없습니다. 이처럼 평소에 당연하게 생각했던 성별 구분이나 성별에 따른 성 역할gender role이 오히려 갈등을 유발한다면, 이러한 현상에 대해 한번 깊이 생각해 볼 필요가 있지 않을까요? 보다 근본적으로, 성별 구분이나 성차에 따른 성 역할, 성 정체성의 차이를 강조하게 된 데는 어떠한 이유 혹은 배경이 존재할까요?

성차는 사회적으로 구성된다

• • •

우리 사회에서는 성별 구분 없이 평범한 사회 구성원으로 살아가기 어렵습니다. 학교에 처음 입학할 때, 성인이 되어 일자리를 구할 때 등 중요한 순간마다 우리는 주민등록번호를 요구받게 되는데, 여기에는 성별을 구분할 수 있는 숫자가 포함되어 있습니다. 사회 구성원으로서의 자격을 부여하는 주민등록번호에조차 성별 구분은 자연스럽게 녹아 있는 것입니다.

성별 구분이 단순히 성차, 즉 성별 간의 생물학적인 차이를 의미하는 것만이 아니라 불평등을 유발하는 경우를, 우리는 흔히 경험합니다. 여성학자들은 성별 구분이 성차를 넘어 차별과 불평등을 야기하는 이유가 사회의 특정한 이해관계가 개입되어서라고 주장합니다. 여성학자들은 생물학적 성별로서의 '섹스sex'와 사회적 성별로서의 '젠더gender'를 구분하는데, 젠더는 생물학적으로 부여되는 성별이 아니라 사회화 과정을 통해 습득하게 되는 성 정체성을 말합니다. 그렇다면 성별 구분 혹은 성차가 본질적인 것이 아니라 '사회적으로 구성된다'는 의미는 무엇일까요?

우리는 가정과 학교 등에서 다양한 사회적인 관계를 맺으며 사회가 기대하고 요구하는 남성성과 여성성을 습득할 뿐 아니라 실천함으로써, 이를 내면화합니다. 즉, 사회에서 요구하는 성별 구분이란 개인이 그것을 실천하면서 내면화되고 강화되는 것이므로, 개인에게 성별은 사회적으로 구성되는 것이라고 말합니다. 이에 따라 여성학자들은 젠더의 개념을 새롭게 정의하고, 당연하게 받아들였던 성별 구분 혹은 성차가 본질적인 것이 아님을 깨달아야 한다고 말합니다.

2.

가부장제는 어떻게
혐오로 이어질까

여성학자들은 성차가 남성중심주의 혹은 가부장제에서 비롯되었다고 이야기합니다. 그중 여성학자 벨 훅스bell hooks는 젠더 불평등 혹은 젠더 갈등을 넘어 남성성의 위기에까지 이르게 하는 가부장제를 본격적으로 비판합니다. 훅스는 자신의 책《남자다움이 만드는 이상한 거리감The Will to Change》에서 가부장제를 "남성이 약하다고 여겨지는 모든 존재들을 지배하고 통치할 수 있는 권리와, 여러 다양한 형태의 심리적 테러리즘과 폭력을 통해 그 지배를 유지할 권리를 태어날 때부터 부여받았다고 주장하는 정치·사회 시스템"이라고 정의한 바 있습니다.

남자아이의 감정 들여다보기

. . .

먼저 벨 훅스는 여성주의자들이, 정작 자신들이 비판하는 '남성'과 '남성성'에 대해서는 거의 이야기하고 있지 않다는 사실을 지적합니다. 또한 급진적인 여성주의 저술들이 남성들에 대해 강한 분노를 표출하면서도 정작 이러한 감정을 본격적으로 다루고 해결하려는 시도는 부족했다고 비판합니다.

훅스에 따르면 가부장 문화에서 남성들은 평등을 요구하는 여성주의자들에게 일자리를 제공하고, 힘을 발휘하고 권력을 행사하는 영역을 나누는 데는 어느 정도 타협할 수 있었습니다. 하지만 대부분의 남성들이 변화하기를 거부했던 부분은 자신들의 '감정'이었습니다. 여성주의자들도 남성의 힘과 권력에는 관심을 집중하면서 남성의 감정에 대해서는 간과하는 경향이 있었습니다. 훅스는 가부장 문화에서 주목받지 못했던 바로 이 남성의 감정과 사랑의 문제를 본격적으로 다룹니다.

가부장 문화에서 남자아이들은 사회적 지위와 특권을 얻는 데는 여자아이들보다 우위에 있는 것처럼 보이지만, 감정을 표현하거나 사랑을 받는 데 있어서는 그렇지 못합니다. 남자아이들은 '울지 마라' '약한 모습을 보이지 마라' 등 자신의 감정을 억누르고 부정해야 한다는 요구를 받으며 자기 감정을 박탈당하고 정신적 외상을 경험하게 됩니다.

훈이는 중학생이 되고 친구들과 어울리는 시간이 늘어나면서 부모가 미처 생각하지 못했던 변화를 겪습니다. 훈이는 어렸을 때 유독 몸도 약하고 마음도 여린 탓에 다른 남자아이들처럼 바깥 놀이를 즐기기보다 소소하게 이야기 나누기를 더 좋아했습니다. 하지만 중학생이 된 훈이는 이제 대화를 통해 감정을 나누기보다 다른 남자아이들과 더 어울리고 싶어 하면서 힘을 더 추구하게 되었습니다. 아마도 훈이의 부모님은 훈이가 또래 아이들과 잘 어울리게 되었다는 안도감에, 그런 아이의 변화가 무엇을 의미하는지 잘 살피지 못했던 것 같습니다.

훈이와 소진이의 엄마는 여느 엄마들과 마찬가지로 그저 남매가 흔히 말하는 '남성성' '여성성'보다는 자기만의 '개성'을 지닌 채 자라주길 기대했습니다. 그랬기에 어린 훈이가 친구들과의 관계에 서툴렀어도 동생 소진이를 다정하게 대하고 챙기는 모습을 보며 칭찬을 해주곤 했습니다.

하지만 아들이 가부장 문화에서 전통적으로 요구하는 남성성과는 다른 남성성을 지닐 수 있게 도우려는 부모들조차, 이러한 시도가 또래 남자아이들에 의해 실패할 수 있다는 사실을 알아차리는 순간이 옵니다. 남자아이들은 또래 집단뿐 아니라 대중매체, 그 외 다양한 경로를 통해 자신의 감정을 차단당하고, 대신 지배적이고 권위적인 남성성 혹은 남성다움에 대해 배우고 익힙니다. 특히 가부장 문화에서는 남자아이들에게 자신의 감정을 말로 표현하는 법을 충분히 가르치지 않기 때문에, 남자아이들은 부모와 사회로부터 감정적으로 단절될 때 느끼는 슬픔과 두려움을 종종 분노로 표현하게 됩니다. 가부장 문화에서는 남자아이들이 분노를 느끼고 표출하는 데 비교적 관대한 편이며, 10대 남자아이들의 분노에서 비롯되는 비행이나 폭력을 청소년기에 있을 법한 행동으로 여기며 묵인해오곤 했습니다.

이처럼 부모나 사회가 남자아이들을 감정적으로 방치하고 이들이 가부장적 힘을 얻게 하는 데 치중한다면, 남자아이들은 슬픔, 불안, 사랑과 같은 감정을 억압하게 될 수 있습니다. 그뿐 아니라 억압된 감정에서 비롯된 분노를 미처 다루지 못한 채 폭력적인 성향을 지니게 될 수 있습니다.

따라서 훅스는 남자아이들의 감정을 존중하고 이들의 감정적인 삶을 보호하기 위해서는 가부장 문화에 도전해야 한다고 말합니다. 또한 남자아이들이 가부장적 남성성을 따르지 않고도 자신의 존재를 있는 그대로 사랑하고, 자신의 모습대로 살아갈 수 있는 문화를 만들어주어야 한다고 말합니다.

가부장적 남성성을 버려야 할 때

• • •

어린 시절, 감정적으로 방치되고 사랑받지 못했던 남자아이들은 성장하면서 강하고 지배적인 가부장적 태도를 습득하고, 이는 여성에 대한 지배와 폭력으로 나타날 수 있습니다. 2018년 '한국사회의 갈등'에 관한 여론조사 결과에 따르면, 젊은 세대의 경우 젠더 갈등을 가장 심각한 사회 갈등으로 보고 있다고 합니다. 그도 그럴 것이 오늘날 우리 사회에서는 '여성 혐오' '남성 혐오'라는 표현이 점점 더 자주 언급되고 있으며, 젠더 갈등 양상도 더욱 다채롭게 심화되는 상황입니다. 그중에서도 성폭력, 가정 폭력 등 여성에 대한 남성의 폭력 사건이 눈에 띄게 발생하면서 남성 폭력에 대한 여성들의 불안이 가중되고 있습니다.

훅스는 남성 폭력 문제도 가부장적 남성성의 관점에서 바라봅니다. 그는 가부장제가 남성들에게 가장 먼저 요구하는 폭력은 여성에 대한 것이 아니라 남성 자신에 대한 심리적 폭력이라고 말합니다. 남자아이들에게 감정적 단절을 요구했던 것처럼 가부장제는 남성들이 감정적 불구 상태가 되어 타인들과 감정적으로 연결되고 사랑을 나누지 못하게 만듭니다.

또한 남성 폭력이 심해진 이유는 페미니즘 덕분에 여성들이 더 많은 자유를 누리게 되어서가 아니라, 가부장제가 약속했던 지배와 권력을 남성들이 누리기 어렵다는 사실을 깨닫고 남성들이 분노했기 때문이라고 주장합니다. 게다가 남성들이 가부장제가 내세우는 남성성을 지니게 되더라도 만족감을 얻지 못하고 감정적으로 고립되고 소외되는 현실 또한 지적합니다. 결론적으로, 가부장적 태도를 버려야만 남성 폭력이 저지되는 것은 물론 남성들과 남자아이들도 감정의 문제를 해결할 수 있을 것입니다.

그렇다면, 가부장적인 남성성을 버리고 어떤 태도를 지녀야 여자와 남자 모두에게 도움이 될 수 있는 것일까요?

3.

혐오를 넘어
공감으로

젠더 갈등 혹은 혐오 문제와 같은 사회 갈등을 '공감'으로 해결할 수 있다고 주장하는 목소리들이 다수 등장하고 있습니다. 공감에 대해서는 의학, 심리학, 사회학, 경제학, 철학 등 다양한 학문 분야에서 다루고 있지만, 사실 이는 여전히 추상적이고 모호하게 느껴지는 개념이기도 합니다.

인간이 진정한 공감에 이를 수 있는 이유

· · ·

공감을 다룬 대표적인 철학자 막스 셸러Max Scheler는 공감 능력이란

"타인을 이해하고 타인의 감정을 함께 느끼는 인간의 타고난 능력"
이라고 정의합니다. 셸러가 말하는 진정한 공감에는 즐거움이나 고
통 등 타인의 감정을 체험하지 않고도 함께 감정을 느끼게 되는 '감
정 전염'이라든가 타인의 감정을 나의 감정과 동일시하는 '감정이
입'은 포함되지 않습니다. 즉, 셸러에게 공감은 타인의 느낌에 대한
단순한 앎이나 타인이 그러한 느낌을 지녔다는 단순한 인지 내지
판단이 아닙니다.

셸러는 타인의 구체적인 삶에 대한 '참여', 즉 타인을 있는 그대
로 받아들이는 것을 진정한 공감이라고 말합니다. 셸러에게 공감은
단지 우연하고 개별적인 타인의 표정이나 행동을 지각하는 과정이
아니라는 뜻입니다.

셸러는 우리가 타인의 표정이나 행동을 통해 타인을 이해할 수
있는 데는 그러한 표현들에 '보편적인 문법'이 있기 때문이라고 말
합니다. 타인을 관찰하고 상상함으로써 타인에 대한 이해가 이루어
지는 것인데, 이는 이미 보편적인 문법 아래 이루어지기 때문에 주
관적이고 자의적인 행동이라 볼 수는 없습니다.

나아가 셸러의 관점에서 진정한 공감이 가능한 이유는 인간이
서로의 감정을 있는 그대로 파악할 수 있는 타고난 능력뿐만 아니
라 타인의 신체적 변화를 지각하면서 타인의 심리를 파악할 수 있
는 능력을 지니고 있기 때문이라고 지적합니다. 또한 인간이 지닌
'정신'과 '사랑'이라는 고유한 능력을 발휘해 인간의 신체성과 환경

에서 벗어날 수 있기 때문이라고도요.

여기서 '정신'은 고귀한 가치를 추구하는 능력이고, '사랑'은 우주적 질서와 가치를 실현하는 원리이자 동력입니다. 셸러는 이러한 정신과 사랑이라는 능력 덕분에 인간이 공감을 통해 타인과 단순한 감정적 결합 이상의 공존과 조화라는 보편적 가치를 고양시킬 수 있다고 말합니다.

셸러가 제기하는 진정한 공감은 사랑을 가능하게 하는, 절대자란 종교적·형이상학적 전제를 받아들일 때 보편성을 획득할 수 있습니다. 따라서 경험을 통해 증명하기 어려운 셸러의 전제들은 많은 이들에게 쉽게 받아들여지기 어려울 수 있습니다. 그럼에도 불구하고, '인간은 그 본성상 진정한 공감에 도달할 수 있다'는 셸러의 주장은 젠더 갈등이 고조되는 요즘 분명 귀를 기울일 만한 가치가 있습니다.

젠더 갈등을 바라보는 또 다른 시각

• • •

경제학자 제러미 리프킨Jeremy Rifkin 역시 공감에 대한 새로운 논의를 꺼낸 바 있습니다. 그의 이야기는 셸러의 공감론을 다시금 떠올리게 합니다. 리프킨은 자신의 저서 《공감의 시대The Empathic Civilization》에서 제1차 세계대전 당시의 일화를 소개하며 인류의 공감적 특성에 대해 다루고 있습니다.

세계대전이 한창이던 1914년 12월 24일 저녁, 프랑스 플랑드르 지방은 그야말로 참혹한 상황이었습니다. 그런데 해가 지고 어둠이 깃들 무렵, 전장에 믿기지 않는 일이 벌어졌습니다. 독일군 병사들이 위문용으로 받았던 크리스마스트리에 불을 밝히고 캐럴을 부르기 시작했던 것입니다. 한참 이 광경을 바라보던 영국군 병사들은 조금 망설였지만, 캐럴을 따라 부르며 적에게 화답했습니다.

다음 날까지도 이어졌던 '크리스마스 휴전'은 겨우 하루를 넘기지 못한 채 막을 내렸지만, 리프킨은 당시 수만 명에 달했던 플랑드르의 병사들이 조국에 대한 충성심과 영웅심도 접어두고 오직 보편적인 인간성을 발휘했다고 말합니다. 그날 병사들이 보여주었던 것은 무엇보다 전쟁이라는 인간의 실존적 상황에서 드러난 감정이었습니다.

리프킨은 독일군과 영국군 병사들 모두가 시대와 이념을 떠나 고통에 처한 한 인간으로서 서로에 대한 공감을 보여주었다는 점에서 우리에게 감동을 안긴다고 말합니다. 나아가 인간의 능력 중 가장 뛰어나면서도 간과되었던 공감 능력이 인류 공통의 보편적인 조건이라고 주장합니다. 리프킨은 이러한 인류사들을 바탕으로 인간을 이해하는 패러다임으로 '적자생존' 대신 '공감'에 주목해야 한다고 말합니다.

여기서 공감은 타인과의 경쟁과 갈등을 해소하는 '평등'과 관련

되는데, 타인과의 공감이 확장될 때 구별은 사라지고 타인과 평등한 위치에 서게 됩니다. 리프킨은 타인의 고군분투를 자신의 것으로 동일시하는 행동이야말로 평등의 궁극적인 표현이라고 말합니다. 공감이 확장되고 타인의 고군분투를 자신의 것처럼 경험하고 위로하고 지지할 때 개인의 신분이나 재산, 교육 등 다른 사회적 장벽이 잠시 뒤로 물러나게 된다는 것이죠.

이처럼 공감의 확장을 통해 평등의식을 드러낼 때, 타인도 나와 같이 유한하지만 고유한, 잘살 권리가 있는 존재란 생각을 갖게 될 것입니다. 리프킨의 공감 이론을 통해, 우리는 마치 적군을 대하는 것처럼 분노와 혐오의 감정으로 갈등이 극에 달한 남자들과 여자들 역시도 보편적인 인간성을 발휘해 화해할 수 있지 않을까 하는 한 가닥 기대를 갖게 됩니다. 플랑드르의 병사들처럼 지금의 여자와 남자 모두는 시대와 이념을 떠나 각자 자신이 처한 극한 상황에서 고군분투하고 있는지도 모릅니다. 여자 혹은 남자로서 자기만 고군분투하고 있는 것이 아님을 인식하고, 각자의 고군분투를 자신의 것처럼 경험하고 상대의 고통을 위로할 수 있다면, 타인에 대한 분노와 혐오의 감정도 줄어들지 않을까요? 너무 이상적인 이야기일지도 모르겠습니다.

하지만 적어도 아이를 키우는 부모라면, 벨 훅스의 주장처럼 가부장제에서 비롯된 젠더 불평등과 젠더 갈등이 단지 힘의 문제만이 아닌 감정과 공감의 문제라는 시각에 주목할 필요가 있지 않을까요?

현재 우리 사회에 분명히 뿌리내려 있는 불평등 문제를 무조건 외면해야 한다는 이야기가 아닙니다. 문제가 무엇인지 분명히 인지하고 문제 제기 역시 게을리해서는 안 되겠지만, 문제를 해결하는 방식에 있어서만큼은 무엇이 우리 아이들이 서로 상처받지 않도록 하는 방향일지 보다 조심스러운 접근이 필요하다는 것입니다. 그런 점에서 훅스나 셸러, 리프킨의 관점은 분명 좋은 참고가 될 것입니다.

셸러의 주장대로 타인의 구체적인 삶에 참여하는, 즉 성차 혹은 성 역할 고정관념을 떠나 타인을 있는 그대로 받아들이는 진정한 공감이 이루어진다면, 남자와 여자 사이에 분노와 혐오의 감정 이외에 여러 다양한 감정들을 매개로 소통의 장이 펼쳐질 수 있지 않을까요? 특히 훈이와 소진이처럼 남매를 둔 부모라면 자녀들이 성별을 떠나 각자의 삶에서 느끼는 감정들과 어려움, 노력을 서로 이야기하게 하고 알게 하면서 서로의 공감대를 확장하고 화해하는 데 한 발 다가서게 될 것입니다.

새로운 차별? 새로운 파트너십?

• • •

요새는 학교에서나 가정에서나 여자아이들이 편애를 받고, 오히려 남자아이들이 역차별을 당한다고 억울해하는 학부모들이 꽤 많습니다. 부모들이 여자아이들에게는 남자아이들에게 더 이상 양보할 필요가 없다고 하고 남자아이들에게는 여자아이들에게 치일 수 있으니 조심하라고 할 정도로, 여자아이들의 기세가 더 높아졌다는 것입니다. 이에 따라 여자아이들에 대한 차별 이상으로 남자아이들에 대한 차별을 우려하는 부모가 실제로 많아졌습니다. 이런 일련의 상황을 살펴보면, 적어도 아이들이나 학생들 사이에서는 남성중심주의가 이미 실재하지 않는 이야기가 된 건 아닐까 하는 생각이 들기도 합니다.

하지만 여자아이들의 상대적인 기세등등함이나 남자아이들의 상대적인 소외감 역시, 결국 가부장 문화에서 나타나는 약자를 의식한 힘의 논리, 즉 여성 혹은 약자를 지배하려는 가부장 문화의 산물이 아닐까 하는 인상을 지울 수 없습니다. 가부장 문화에서 강하다고 여겨지는 남성과 그렇지 못하다고 여겨지는 여성을 차별 대우한 것이 젠더 갈등을 유발한 것처럼, 일부 재능과 실력을 발휘하는 여자아이들과 일부 그렇지 못한 남자아이들을 특정 성 혹은 약자라는 이유로 차별하는 것은 젠더 갈등을 해소하기 위한 평등의식과는 거리가 있어 보입니다. 이는 차별당하는 대상이 여성이든, 남성이든 성차별적인 생각과 행동이 문제라는 말이죠.

훅스는 가부장적 남성성, 즉 지배적인 남성성을 대신할 신뢰, 공감, 소통, 존중에 기반한 파트너십 남성성을 제시합니다. 가부장 문화의 희생양이면서도 그것에 완전히 젖어든 여성들 역시 아들을 감정적으로 방치하거나 남성들이 감정을 토로하는 것을 어색해하고 받아주지 않는 방식으로 가부장적 문화에 일조하는 일이 많았습니다. 이제는 이러한 잘못된 메커니즘을 인식하고, 여성들도 파트너십 남성성을 실현하는 데 동참할 필요가 있지 않을까요? 그것이 내가 사는 세상을 넘어 우리 아이들이 살아갈 세상을 더 건강해지도록 만드는 방향이 아닐까 합니다.

대화로 철학하기

〈 나에게 던지는 질문 〉

> 흔히 말하는 여성성 혹은 남성성을
> 처음으로 요구받았던 때를 기억하는가?
> 그때의 경험은 어땠는가?

> 타인이 기대하는 여성성 혹은 남성성을
> 실천하지 못했던 경험이 있었는가?
> 그때 어떤 느낌이 들었는가?

> 내게도 다른 성을 공감할 수 있는 보편적인 능력이 있다고 생각하는가?
> 그런 예가 될 만한 경험을 떠올려보자.

> 어떠한 상황에서 남녀가 평등하다는 느낌을 받는가?

> 젠더 갈등을 해결하는 데 감정을 다루는 게
> 왜 중요하다고 생각하는가?

〈 아이에게 던지는 질문 〉

나와 다른 성별의 아이가 이해되지 않을 때는 언제인가?
왜 그렇게 이해가 안 됐는가?

나와 다른 성별이 부러웠던 적이 있었는가?
있었다면 어떤 이유 때문인가?

나와 다른 성별의 아이가 그 성별이라 힘들겠다고 생각한 적이 있었는가?
있었다면 어떤 이유 때문인가?

울면서 힘들고 속상하다고 말하는 남자아이들을 본 적 있는가?
있었다면 그때 어떤 생각이 들었는가?

요즘 남자아이들과 여자아이들은
무엇 때문에 싸우고 다투는 것 같은가?

7장

건물주도
직업일까

플라톤
카를 마르크스
프리드리히 니체

by 손아영

"뭐라고? 여보 미쳤어? 어쩌려고 그래?"

아내가 눈을 동그랗게 뜨고 큰소리를 낸다. 나 하고 싶은 거 하며 살기 위해 회사에 사표를 냈다는 내 말을 듣고서. 아내의 반응을 예상하지 못한 건 아니었다. 하지만 나도 이런 결정을 쉽게 내린 건 아니다.

나는 집안 반대로 도예가라는 꿈을 접고 일반 대학에 입학해 남들이 부러워하는 직장에 들어가 지금까지 잘 견뎌왔다. 그러나 작은 공방을 운영하고 싶다는 내 꿈은 언제나 가슴 한구석에 자리하고 있었다.

"아이들만으로도 벅찬데, 당신까지 왜 이래? 참 답답하네."

아내는 요즘 매일 아들과 싸운다. 순종적인 딸과 달리, 자기주장이 강한 아들은 얼마 전 자동차 정비사가 되고 싶다고 선언했다. 아내는 자동차 디자이너나 연구원이 아니라 왜 하필 정비사냐며 화를 냈다. 그 일을 해선 먹고살기도 힘들뿐더러 사회에서 성공한 사람으로 인정받기 힘들다는 것. 남들이 선망하는 일을 하며 전문가로 대접받는 모습. 그것이 아내가 꿈꾸는 성공이다.

사회적으로 성공하고 대접받는 데 전문직만 한 게 없음을 나도 안다. 생계 문제에서 자유롭지 못한 이상, 일하지 않고 산다는 것 역시 불가능하다. 그렇다면 아내 말대로 좋은 직업을 얻어 먹고사는 문제를 해결하는 것이 우선이다. 하지만 나처럼 평생 꿈을 접고 살다가 늦은 나이에 무모한(?) 일을 벌이게 만드느니, 아이의 꿈을 일찌감치 인정해 주고 아이가 그 방향으로 잘 성장할 수 있도록 도와주는 게 바람직한 것 아닐까.

좋은 직업을 갖기 위해 전전긍긍하며 살지 않는 세상은 없을까? 한편으론 일하지 않으면서도 먹고사는 건물주들이 부럽다. 아이들 열심히 공부시켜 남의 부림받는 회사원으로 살게 하느니, 그 학원비를 모아 건물주로 살게 하고 싶다던 친구의 농담이 현실적으로 다가온다. 그렇게만 된다면 생계 문제도 해결되고, 하고 싶은 일을 할 수도 있고, 다른 사람들에게 인정도 받을 수 있지 않을까. 막상 사표를 던지고 나니 이런저런 생각으로 마음이 혼란스럽다.

1.

사회적 성공과
간절한 꿈 사이에서

어느 날 남편은 남들이 부러워하는 직장을 그만두었다면서, 이제부터라도 자기 꿈을 찾아가겠다고 합니다. 말 잘 듣는 딸과 달리, 아들은 자기주장을 강하게 내세우며 정비공이 되겠다고 합니다. 남편과 아들의 이런 갑작스러운 선언은 아내이자 엄마에게 그저 당황스럽기만 합니다.

좋은 직업의 기준

• • •

아내가 당황한 이유는 두 가지로 말할 수 있습니다. 첫째, 경제적인 이유입니다. 그동안 남편의 벌이로 생활을 유지해 왔는데 이제 그 가능성이 사라져버렸으니까요. 물론 남편은 아무 일도 하지 않겠다는 것이 아니라 작은 공방을 하고 싶다고는 했지만, 그것으로 생계가 유지될지 걱정이 클 수밖에 없습니다. 둘째, 직장을 그만두고 남편이 선택한 새로운 일이 경제적인 면뿐 아니라 사회적인 면에서도 부족하다는 이유입니다.

이 두 가지 이유는 아들의 경우에도 똑같이 적용됩니다. 육체노동자로 분류되는 정비공은 사무직보다 힘들뿐더러 사회적으로 성공한 직업이란 인정을 받기도 힘듭니다. 결국, 남편과 아들이 바라는 일들은 소위 아내가 생각하는 '좋은 직업'의 범주에서 벗어나 있다고 할 수 있습니다. 아내가 원하는 직업, 아니 많은 사람들이 원하는 직업은 대체로 '높은 임금'과 '사회적 인정'이라는 두 가지 요소를 갖추고 있으니까요.

높은 임금과 사회적 인정을 향한 욕구가 반드시 나쁜 것만은 아닙니다. 인간은 누구나 살아가기 위해 일을 해야 하며, 이왕이면 사회적으로 인정받는 직장에 들어가 일하기를 바랍니다. 이는 자연스러운 인간의 욕망이라고도 볼 수 있죠. 예를 들어, 우리는 중소기업보다는 대기업을, 육체노동보다는 사무직을, 또 소수의 사람들만이 갖게 되는 차별화된 전문직을 더 선호합니다. 이 목표에 도달하기 위해 우리 아이들은 자신의 꿈이 무엇인지 알 수 있는 기회조차 얻지 못한 채, 부모로부터 많은 시간과 경비를 투자받으며 전력 질주

합니다. 그래야만 가정을 꾸리고 평균적인 삶을 살 수 있는 게 우리네 현실이기도 하고요. 이런 현실에서 여유를 가지고 여가를 즐긴다는 말은 사치로 여겨질 뿐입니다.

그렇게 힘든 과정을 거쳐 얻게 된 직장을 남편이 하루아침에 그만두고 왔으니(그만두겠다고 한 것도 아니고, 이미!), 아내는 당황스러울 수밖에 없습니다. 사표를 낸 남편도 걱정이 없진 않습니다. 남편은 아내와 아들의 갈등을 지켜보며 자기 결정에 대해 스스로 회의할 뿐 아니라 건물주에 대한 부러움을 표출하기도 합니다.

여기서 한 가지 의문이 듭니다. 꿈을 이루기 위해 직장을 그만둔 남편이 왜 하필 건물주에 대한 욕망을 드러내는 것일까요? 이는 현재 우리 사회의 많은 사람들이 품고 있는 욕망을 대변한다고 볼 수 있습니다.

건물주를 보는 서로 다른 시선들

• • •

최근 조사에 따르면 청소년·청년이 원하는 직업 1위가 건물주라고 합니다. 오죽하면 "조물주 위에 건물주 있다"는 우스갯소리까지 생겼을까요.

건물주는 많은 노력을 기울이지 않고도 경제력을 보장받는 동시에 사회적으로도 성공한 사람이란 인정을 안겨주는 직업군에 속합니다. 물론 '건물주도 직업인가?'란 문제에 관해서는 많은 논란이 있을 수 있습니다. 특히 이런 논란은 노동을 직접적인 신체적 활동을 통해 재화나 서비스 등을 만들어내는 '생산성' 있는 활동으로 파악할 경우에 심화됩니다. 이렇게 본다면, 건물주는 '노동'을 하지 않는다는 점에서 그저 불로소득을 취하는 자라고 주장할 수 있습니다. 반면, 건물주도 직업이라고 주장하는 입장에서는 그들이 그 건물을 획득하기 위해 투자한 시간과 노력을 강조합니다. 그러면서 건물을 관리하는 데는 물리적·정신적으로 많은 에너지가 드는데, 이 역시 또 다른 의미의 노동이라고 말합니다.

그러나 신체적 활동을 노동으로 생각하는 것이 일반적인 견해임을 고려해 본다면 건물주가 직업인지 아닌지에 관한 논란은 어쩌면 우리 사회에서 한동안 지속될지도 모르겠습니다. 대다수의 사람들에게 경제적인 문제가 일순위로 거론되고, 이를 해결해 나가기 위해 노력하는 과정이 지속되는 한 그 논의는 쉽게 끝나지 않을 것으로 보입니다.

이런 상황에서, 우리가 생각해 봐야 할 문제는 다음과 같은 것들입니다.

첫째, 우리는 왜 육체노동보다 사무직이 사회적으로 인정받고 성공한 직업이라고 생각할까요?

둘째, 사회적으로 인정받는 직업을 얻는 데 성공한다면 그것이 곧 자신의 꿈을 이룬 것이라고 할 수 있을까요?

이 가운데 두 번째 물음은 남편이 늦은 나이에 그 좋은 직장을 그만두고 자신의 꿈을 선택한 이유와, 그렇게 함으로써 남편에게 일어날 수 있는 긍정적인 효과를 묻는 물음으로 연결될 수 있습니다.

2.

일은 왜 힘든 것이
되었을까

고대 그리스의 철학자 플라톤 Platon은 자신의 저서 《국가 Politeia》와 《파이드로스 Phaedrus》에서 인간이 다양한 욕구를 지니고 있음을 말하며, 그 각각의 욕구를 '지혜' '용기' '절제'의 덕과 연관 짓습니다.

플라톤에 따르면, '지혜의 덕'은 이성적 사유를 통한 배움과, 배움을 통해 얻는 즐거움에 대한 욕구와 관련됩니다. '용기의 덕'은 부당한 상황에 대항하고자 하는 욕구와 연관됩니다. 사람들은 용기를 통해 명예나 권력 등을 추구하기도 하죠. '절제의 덕'은 인간이 가지고 있는 생식에 대한 욕구, 음식에 대한 욕구, 금전에 대한 욕구 등이 과도해지지 않도록 억제하는 데 적용됩니다. 플라톤은 이

가운데 용기와 절제 관련 욕구는 지혜의 지배하에서 조정되어야 한다고 주장하면서, 다른 욕구들보다 지혜의 욕구를 가장 중요한 것으로 파악합니다.

육체노동과 정신노동 사이의 위계 관계
• • •

플라톤은 인간을 신체와 영혼으로 구성된 존재로 보았습니다. 그리고 신체적인 욕구나 세속적인 욕구보다는 지혜를 추구하는 데 힘쓰는 것이 바람직하다고 강조합니다. 신체와 영혼, 물질과 정신을 구분하는 동시에 신체와 물질에 비해 영혼과 정신이 더 우월하다고 말하는 '위계적인 이분법'을 주장한 것이죠. 이러한 위계적인 이분법은 어떤 것을 제작해 내는 인간 활동을 총칭하는 '테크네 techne'에 관한 논의에도 나타납니다.

그리스어 '테크네'는 특정한 목적을 가지고 어떤 것을 만들어내는 능력을 포괄적으로 지칭하는 것으로, 현재 우리가 사용하는 '기술 technique' 개념의 근원어입니다. 기술과 테크네라는 두 개념은 무엇인가를 만들어냄을 의미한다는 점에서는 동일하지만, 고대 그리스에서는 '만들어내고자 하는 그 무엇(예: 집)의 목적(예: 적으로부터의 보호, 안락함)을 어떻게 최대한 실현할 수 있을까'에 대한 이론적인 숙고를 더 기본적이고 중요한 것으로 강조한다는 점에서 차이가 있습니다.

테크네는 고기 잡는 기술, 농사짓는 기술, 수공업자의 작업, 건축가의 활동뿐 아니라, 사유의 정확성을 목표로 하는 논리학, 기하학과 수학 활동까지 포함합니다. 그리고 신체적 활동과 감각적 요소가 적게 관여될수록 이상적인 테크네로 간주됩니다. 그 결과, 순수한 정신적 활동인 진리를 통찰하는 철학적 사유가 테크네의 정점에 위치합니다. 즉, 고대 그리스 철학자들에게 인간이 할 수 있는 최고의 노동은 육체적인 것이 아닌 정신적인 노동이었습니다. 정신적 활동을 통해 사물의 본질, 진리에 도달할 수 있다고 보았기 때문이죠.

육체노동과 정신노동 사이의 이와 같은 위계 관계는 우리에게도 낯설지 않습니다. 이러한 위계 관계는 동양에서 '사농공상士農工商'으로 표현되었고, 현재까지도 사회에 널리 퍼져 있어 우리 의식을 지배하고 있습니다.

만약 내 아들이 정비공으로 성공해 경제적인 문제에서 해방되었다면, 부모의 기대는 거기에서 그칠까요? 물론 그럴 수도 있습니다. 그러나 아들이 정비공 되는 걸 줄곧 마땅치 않게 생각해 왔던 부모라면 어떨까요? 아들에게 경제력 그 이상의 것, 예를 들면 다른 정비공을 가르치는 강사 자리를 찾아보라고 요구할 수도 있지 않을까요?

노동으로부터 소외된 우리들

• • •

귀족 출신인 플라톤은 스스로 생산 활동에 종사하지 않으면서 노예들의 활동을 통해 의식주에 필요한 기본적인 요소들을 공급받으며 평생을 사유 활동에 종사할 수 있었을 것입니다. 동양의 양반계급도 이와 다르지 않았죠.

그러나 현대사회는 타인이 아닌 자신을 위해 일하며 어떤 일을 할지 선택할 수 있는 자유로운 사회입니다. 우리는 타인을 위해 일하던 고대 그리스 시대의 '노예'와 같은 삶에서 벗어난 듯이 보입니다. 그럼에도 불구하고 왜 앞선 사례 속 남편과 같이 자기 일에 기쁨을 느끼지 못하고 "나의 꿈을 찾겠어"라고 말하는 사람들이 심심치 않게 나오는 것일까요? 나의 일, 직업을 통해 꿈을 실현하기 어렵게 된 현 시대의 문제는 어디에서 시작된 것일까요?

마르크스는 일찍이 현대인이 노동으로부터 소외되어 있는 상황에 대해 이야기한 바 있습니다. 마르크스에 따르면, 인간은 일하는 존재인 반면 동물은 일하지 않고 자연에 순응하며 살아가는 존재입니다. 다시 말해, 인간은 동물과 달리 노동을 통해 주변 환경을 자신에 맞게 변형시키고 수정함으로써 삶을 유지해 나간다는 점에서 동물과 구분되죠. 인류 초기, 인간은 노동을 통해 자신이 노력한 만큼 대가를 돌려받을 수 있었습니다. 그러나 역사가 진행되며 일어난 기계화와 사유재산의 집중 그리고 그에 따른 새로운 지배계급 형성의 결과, 현대인은 노동을 통해 자신을 실현하는 것이 아니라 오직 생계를 위해서만 일하는 동물적인 차원에 머무르게 되었다고 마르크스는 주장합니다.

일한 만큼 정당한 결과물이 산출되고 그에 따른 정당한 대가가 따라올 때, 우리 인간은 일하는 즐거움과 보람을 느낍니다. 그 과정에서 자아실현도 이룰 수 있고요. 하지만 기계화에 따른 노동 관계의 변화로 인해, 노동 수단은 중세 시대엔 지주에게, 현대엔 자본가에게 집중되면서 노동에 직접 참여하는 사람들은 노동에 귀속되어 살아갈 수밖에 없는 현실에 이르고 말았습니다. 그 결과, 현대인은 참된 노동의 의미로부터 소외되었다는 것이 마르크스 주장의 요지입니다.

사유재산의 쏠림과 그에 따른 빈익빈 부익부 현상이 더 두드러지는 현대 자본주의 사회에서 마르크스의 분석은 상당한 설득력을 지닙니다. 아무리 열심히 일한다 해도 소수의 사람을 따라잡기는 요원해 보이죠.

그렇다면 우리는 어쩔 수 없이 현실에 순응해야 하는 걸까요? 고된 노동의 현장에서 아무런 즐거움도 느끼지 못하면서 묶여 지낼 수밖에 없는 걸까요? 그렇게 살다 보면 어떤 부작용들을 만나게 될까요? 혹은 그런 상황에서 탈피해 과감하게 내 꿈을 선택한다면, 과연 어떤 일이 일어날까요?

3.

꿈을 따라갈 때
생기는 변화들

          당황하고 있는 아내의 마음을 다시 들여다볼까요? 만약 아내가 남편과 아들을 설득해 각각 좋은 직장으로 돌아가도록, 전문직을 꿈꾸도록 만든다면, 갈등 상황은 모두 사라지는 것처럼 보일 것입니다. 하지만 갈등이 사라진 자리에는 아내의 욕망만이 남게 되겠죠. 남편과 아들의 욕망은 철저히 무시되거나 무심히 버려질 것이고요.

    이즈음에서 우리는 근본적으로 다음과 같은 질문을 던져봐야 할 듯합니다.

    "남편과 아들이 원하는 꿈을 이루도록 놓아준다면, 그들에게 어떤 긍정적인 변화가 일어날까?"

이는 개개인의 실존적인 자아실현과 연관된 물음이라는 점에서, 결코 가볍지 않습니다.

허무주의를 극복하기 위하여

· · ·

전문직에서 건물주에 이르기까지, 사람들이 선망하는 직업에는 변화되지 않은 근본적인 인식이 전제되어 있습니다. 바로, '경제력=명예=사회적 존경'이란 인식입니다.

독일의 철학자 프리드리히 니체는 자신의 책《서광*Morgenroete*》에서 "돈은 힘이고 명성이고 존엄이며 우월함이며 영향력"이라고 말하며 현대사회의 부정적인 측면을 날카롭게 지적합니다. 이러한 사회의 분위기에 휩쓸릴 경우, 인간은 자기 자신의 고유성을 상실하고 타인에게 자신을 주장하지 못한 채 비겁하게 살 수밖에 없다면서요. 또 그는 그렇게 되면 자칫 허무주의에 빠질 수 있다고 경고하기도 합니다.

어쩌면 우리는 이미 허무주의에 빠져 있는지도 모릅니다. 다만 그것을 자각하지 못하거나 회피하고 있을 뿐인 거죠. 니체는 아무리 열심히 일해도 자신의 상태가 더 나아지지 않음을 알면서, 일에 전력투구하고, 스스로 잘 살아가고 있다고 생각하는 현대인들의 태도야말로 바로 허무주의를 회피하고자 하는 극명한 방식이라고 주장합니다. 문제를 해결하기 위해서는 그 문제를 회피하는 것이 아니라 문제의 핵심을 직접 대면하는 용기가 우선적으로 필요한데 말입니다.

니체는 허무주의를 극복할 수 있는 적극적이고 새로운 가치로 '힘에의 의지'를 가진 '초인'을 제시합니다. 힘에의 의지란 정치적인 권력을 의미하는 것이 아니라, 인간 개개인이 자신의 삶을 선택하고 이어나가며 어떠한 어려움이 있더라도 그 어려움을 극복하고 생을 지속하고자 하는 것을 말합니다. 이것이 가능하기 위해서는 타인의 요구나 사회적으로 형성된 선입견에 대해 "아니다"라고 말할 수 있는 용기가 필요합니다. 그런 용기를 낼 때 인간은 비로소 나의 독자적인 의견과 고유한 삶을 주장하고 누릴 수 있는 개인으로서 일어설 수 있게 됩니다.

낙타에서 사자로, 사자에서 어린아이로

• • •

이 변화의 과정을 니체는 《차라투스트라는 이렇게 말했다*Also sprach Zarathustra*》에서 낙타와 사자 그리고 어린아이의 특성과 연관 지어 설명하고 있습니다.

'낙타'는 사막에서 무거운 짐을 짊어지고 그 무게를 견디며 묵묵히 자신의 삶을 살아갑니다. 낙타는 자신이 짊어진 짐을 거부할 생각을 하지 못하고 그저 견디면서 살아가는 인간의 모습을 대변합니다. 니체에 따르면 이 단계에서 사람들은 종교의 교리나 사회의 절대적인 가치에 따라 욕망을 억누르며 견디는 삶을 이어갑니다. 자기 꿈을 접고 묵묵히 직장 생활을 견뎌온 남편이 바로 이런 모습이었다고 할 수 있겠죠.

그러나 이 낙타는 어느 순간 자신의 짐을 벗어버리고 싶은 충동을 느끼며 외부로부터 주어진 삶이 아니라 자신이 추구하는 바를 욕망하게 됩니다. 지금까지 최고의 가치로 간주되던 사회법칙뿐 아니라 신의 명령까지도 거부하고 주체적으로 자기 삶을 추구하는 단계로 넘어가는데, 이것이 바로 '사자'의 단계입니다. 그러나 이것이 초인의 단계는 아닙니다. 니체에 따르면, 사자의 단계에 머무는 개인은 또다시 자신만의 가치를 생산해 내며 그 가치 아래 타인들을 구속하고자 하는 경향을 갖게 되기 때문입니다.

니체는 여기에서 한 걸음 더 나아가 우리가 궁극적으로 '어린아이'의 단계에 진입해야 하며, 그래야 초인에 이를 수 있다고 주장합니다. 가장 연약한 존재로 여겨지는 어린아이를 최종 단계라고 말하는 이유는 무엇일까요?

어린아이들은 쉽게 싸우고, 쉽게 화해합니다. 놀이를 할 때도 기존 규칙에 얽매이기보다는 현재 하고 있는 놀이를 더 재미있게 해줄 새로운 규칙을 만들어내곤 합니다. 이렇듯 생각이 유연한 아이들은 새로운 것을 만들어낼 줄 아는 창조적인 존재입니다. 이 때문에 어린아이를 최종 단계라고 하는 것입니다.

아이들과 같은 창조적인 힘을 발휘하기 위해서는 나를 얽매고 있는 사회적 명령이나 요구로부터 벗어나 전체의 시스템을 조망할 수 있어야 합니다. 그래야만 사회적 명령과 요구가 지닌 문제를 객관적으로 볼 수 있습니다. 그 잘못된 것에 얽매여 자신이 잊고 살아가는 것이 무엇일지 상기할 때, 우리는 비로소 창조적인 힘을 발휘할 수 있게 될 것입니다.

예측할 수 없는 미래 그리고 불안

• • •

물론 니체가 제시하는 이런 단계들을 수용하고 따른다는 것은 쉽지 않은 일입니다. 자신의 꿈을 삶 속에서 실현하고 싶다는 욕망은 누구에게나 있지만, 그 꿈을 선택함으로써 앞으로 어떤 일이 초래될지는 아무도 모르기 때문입니다.

남편과 아들이 자기 꿈을 선택하고 이를 아내가 지지해 준다 한들, 그것이 꼭 바람직한 결과로 이어지게 될까요? 아마 누구도 섣불리 그렇다고 말하기 어려울 것입니다. 그래서 우리는 늘 고민하고 또 고민하는 것이겠죠.

사실, 인간의 삶을 예측한다는 것 자체가 무리일지도 모르겠습니다. 우리 삶은 언제나 미래에 대한 불안으로 가득 차 있습니다.

그 불안은 예측하기 어려운 속도로 변화하는 미래를 생각할 때 앞으로 더욱 가중되면 가중되었지, 줄어들지는 않을 것이 분명합니다.

과연 이러한 불안에도 불구하고 남편과 아들의 꿈은 존중되어야 마땅할까요?

4.

변화될 미래에
가장 필요한 것

　　　　　　　　예전부터 10년 후 사라질 직업이 무엇
일지 예측하는 작업은 꾸준히 있어왔습니다. 최근에는 이러한 작업
이 미래학자들 사이의 주요 과제 중 하나가 되었죠. 아무래도 기술
의 발전 속도가 과거에 비해 훨씬 빨라졌기 때문이 아닐까 합니다.
이런 맥락에서 과거의 예측과 현재의 예측 사이에 큰 차이라고 할
만한 게 있다면, 과거에는 그러한 변화를 인간들 사이에서 벌어질
것으로만 한정한 반면, 이제는 인공지능과 로봇 그리고 인간들 사
이에 벌어질 것들로 확장해 살펴본다는 것입니다.

　많은 이들이 짐작하는 것처럼, 현재의 직업은 앞으로 상당 부분
인공지능과 로봇이 대신하게 될 것입니다. 이런 가운데 미래학자들

은 미래에 전도유망할 새로운 직업군으로 인공지능 전문가, 증강현실 전문가, 미래 가이드, 세계 윤리 관리자 등을 이야기하기도 합니다. 그 가운데 어떤 직업이 명예와 부를 축적하는 데 도움이 될지도 조심스럽게 예측해 줍니다.

그들의 조언에 귀 기울여 우리의 꿈을 또다시 다른 방향으로 설계하는 것이 현실적으로 현명한 선택일지도 모르겠습니다. 그렇게 본다면 꿈을 따라가겠다는 남편과 아들의 계획은 희망이 없는 듯 보이기도 합니다.

자신감 그리고 개방적인 태도
• • •

한편 미래학자들은 미래 사회가 우리에게 요구하는 것이 과거 사회의 그것과 아주 다를 거라고 강조합니다. 대표적인 예로, 부모 세대의 학창 시절 아주 중요했던 국어, 영어, 수학 등의 과목이 아이들 세대에 똑같이 중요하진 않을 것이라고 말합니다(이는 굳이 미래학자가 아니더라도, 현재 아이를 키우는 많은 부모들이 동의하는 부분일 것입니다). 국영수가 중요한 과목에서 밀려났다는 것은 그간의 주입식 교육이 힘을 잃게 되리라는 점을 뜻합니다.

이런 맥락에서 미래학자들은 미래 사회에 필요한 능력으로 '과감하게 새로운 것에 도전하는 자신감', 그 자신감을 바탕으로 '타인과 소통할 수 있는 개방적인 태도'를 꼽습니다. 이는 니체가 초인의 최종 단계로 '어린아이'를 제시하는 것과 연관이 깊어 보입니다.

사람들은 특별하게 살기보다 평범하게 살면서 사회적 인정을 받는 쪽을 더 선호하는 경향이 있습니다. 이런 경향은 사회가 조화롭게 굴러갈 수 있게 해주는 동시에 개개인의 삶을 안정되게 이끌어 주는 원동력이기도 합니다. 그러나 마음 깊숙한 곳에 거부할 수 없는 꿈에 대한 욕망을 품고 살아가는 이들도 분명히 존재합니다. 사회적인 요구와 이루고 싶은 꿈. 우리는 언제나 이 두 가지의 욕망 사이에서 흔들립니다.

남편은 많은 사람들이 그러하듯이 평생 평범함을 추구하며 살아왔습니다. 그러나 마음속에는 거부할 수 없는 꿈에 대한 욕망을 계속 품고 있었으며, 이 욕망으로 인해 남들이 부러워하는 직장에 사표를 던집니다. 니체식으로 말하자면, 남편은 기존의 모든 사회적 가치와 도덕에 순응하던 낙타에서 벗어나 비로소 자신을 주장하는 사자의 단계로 돌입한 셈입니다.

사자는 사납게 포효하며 자신의 가치를 주장합니다. 이 주장의 이면에는 그동안 순종해 왔던 시간들에 대한 분노와 후회가 자리하고 있을 것입니다. 또한 기존에 자신이 따르던 사회적 요구와 가치로부터 해방되긴 했으나 그것을 대체할 만한 다른 가치에 대한 확신을 갖지 못한 상태이기에 혼란스러움도 있을 것입니다. 그래서 건물주로 사는 삶을 부러워하기도 합니다.

사표를 내고 자신의 꿈을 이루기로 선택한 남편은 그 꿈 안에서 새로운 가치를 찾아야 하며, 그러려면 후회스러운 자신의 과거와 화해하고 과거를 자신만의 자산으로 삼겠다는 마음가짐이 우선되어야 합니다. 이때에야 비로소 과거에 대해 분노하기만 하는 사자의 단계를 극복하고 어린아이의 단계로 진입하게 되는 것입니다.

어린아이의 단계로 나아가도록

· · ·

우리는 모두 한때 무한한 상상력을 가진 아이였습니다. 누군가와 다투더라도 금세 잊고 상대방과 또 다른 발전된 관계를 만들어나갈 줄 아는 개방적인 마음의 소유자였습니다.

　니체가 현대인들 사이에 만연한 허무주의 현상을 지적하며 그로부터 벗어나기 위해선 어린아이와 같은 마음이 필요하다고 한 것은, 우리 안에 잠재된 창조적이고 자유로운 사유 능력을 되돌아보게 하려던 의도가 아니었을까요? 어린아이와 같은 개인은 기존의 가치에 분노할 수 있는 힘을 품은 사자의 단계를 이미 거쳤기에, 또 다시 과거의 삶에서 경험했던 문제들이 생겨날 경우 사자의 특성을 되살려 다시 삶을 반추하고 어려움을 극복하고자 하는 의지를 발휘할 수 있을 것입니다.

　니체가 초인의 최종 단계로 제시하는 어린아이의 단계는 그저 유희만을 일삼고 아무런 비판 의식 없이 일차원적인 쾌락에 빠져 사는 인간이 아닙니다. 어린아이와 같은 초인은 자신에 대한 반성적 삶을 기반으로 앞으로의 자기 삶을 스스로 일구어나갈 수 있는 강한 힘을 가진 존재입니다. 뿐만 아니라 그러한 자신감을 바탕으로 자신의 의견을 적극적으로 피력하고 동시에 타인의 의견도 수용할 줄 아는 그런 존재라 할 수 있습니다.

미래 사회의 모습이 현재 우리 사회의 모습과 많이 다를지도 모르겠습니다. 그러나 그때에도 많은 인간들이 모여 살 것이고, 그들 사이의 소통을 근간으로 사회가 운영되리라는 사실만큼은 지금과 크게 다르지 않을 거라고 봅니다. 여기에, 앞서 지적했듯이 단순한 지식들이 아니라 '자신감'과 '개방적인 태도'라는 덕목이 가장 중요한 자질로 간주될 것입니다.

이런 점들을 고려했을 때 우리가 아이와 아이의 미래에 대해 대화하며 여전히 부와 명예만을 가장 중요한 가치로 이야기하는 것이 맞을지 한 번쯤 생각해 볼 필요가 있습니다. 아이들 스스로 자기 뜻을 펼쳐가며 실패를 맛보기도 하고 다시 일어서기도 하면서, 니체가 말한 어린아이의 단계로 성장할 수 있도록 돕는 것. 확실한 것은 아무것도 없지만, 이것이 부모가 할 수 있는 최선은 아닐까요?

대화로 철학하기

〈 나에게 던지는 질문 〉

내가 다른 사람보다 더 가진 게 있다면 무엇일까?

어릴 적 꿈은 무엇이었는가?
그 꿈을 이루었나?
그 꿈은 진정으로 내가 원하는 것이었을까?

아이에게 세상을 살아가는 데 가장 중요한 것으로
무엇을 말해줄 수 있을까? 그렇게 생각한 까닭은?

영화 〈더 기버: 기억전달자〉, 〈가타카〉를 보고 어떤 생각이 들었는가?

< 아이에게 던지는 질문 >

지금 내가 갖고 싶은 미래 직업과 나의 꿈은 동일한가?
(ex. 의사라는 직업을 갖고 싶지만 꿈은 음악가일 수 있다.)
그런 차이는 왜 생기게 되었을까?

인공지능과 로봇이 나의 일자리를 거의 빼앗아 간다 해도
인간이 할 수 있는 일에는 무엇이 있을까?

그런 세상에서 가장 중요한 인간의 덕목은 무엇이 될까?

니체가 말한 낙타와 사자, 어린아이 중
어떤 단계가 가장 마음에 드는가? 그 이유는 무엇인가?

태어날 때부터 직업이 정해져 있고,
그 직업을 바꿀 수 없다면 어떨까?

8장

왜 부끄러움을
알아야 할까

미셸 푸코

어빙 고프먼

마사 누스바움

버나드 윌리엄스

by 이영주

수업을 마치고 복도로 나왔다. 순간, 복도 한가운데에
있던 한 학생이 바지 뒤춤을 붙잡고 냅다 뛰는 게 보였다.
의아해 자세히 살피는데, 아니 이게 웬일. 세상에 누런
똥이, 그것도 펑퍼짐하게 퍼져 있는 게 아닌가! 당황한
나는 일단 교무실로 달려가 동료 교사들에게 이 사실을
알렸다. 황당해하는 선생님들 사이에 설왕설래가
이어지는데, 교무부장 선생님이 묵묵히 비품실에서
도구를 챙기더니 밖으로 나가셨다. 나도 뒤따라 나가서
함께 똥을 치웠다. 똥을 치우고 돌아오니, 열띤 토론이
벌어져 있었다.
"거긴 2학년 복도입니다. 그러니 범인은 중2병 걸린
2학년이지."
"아뇨, 2학년은 아니에요. 애들이, 냄새 난다고
놀림받을까 봐 배 아프면 일부러 다른 층에 가서 볼일을
봐요. 그것도 꼭 수업 시간에요."
"그럴 게 아니라, CCTV가 있잖아요. 그거 돌리면 금방
나오죠!"

이때 교무부장 선생님이 무겁게 입을 뗐다.

"걔가 일부러 그런 것도 아닐 텐데… 굳이 찾아서 뭐 하자는 거죠?"

"처벌은 확실하게 해야죠. 여긴 학교잖아요. 벌점 최고점으로 갑시다!"

나도 조심스레 한마디를 꺼냈다.

"그 애가 똥 누는 걸 우리가 봐도 되는 걸까요?"

"아니 왜 안 돼요? 그러자고 돈 들여 CCTV 달았는데요!"

"똥 누는 건 진짜 은밀한 일인데…. 그 앤 그 장면을 누군가 봤다는 생각만으로 수치심에 죽고 싶을 거예요."

"맞아요. 그 장면을 볼 우린 또 얼마나 비참하겠어요? 남의 수치를 확인하는 일도 괴로워요."

"그건 그런데… 책임은 물어야 하지 않겠어요?"

교무부장 선생님이 이내 단호한 목소리로 결론을 내렸다.

"확인도 하지 맙시다. 그 학생에게는 오늘 일이 평생 잊지 못할 만큼 수치스러울 텐데, 여기에 책임까지 묻는다는 건 너무 가혹하니까요."

1.

인상 관리의 실패는 수치심과 왕따로

　　　　　　　일명 '똥 사건'이라 불리는 그 일이 있던 날, 똥을 눈 학생이나 똥 사건에 개입하게 된 몇몇 교사들은 '수치심'에 대해 많은 생각을 하게 되었습니다. 배설은 우리가 하루 세 끼를 먹는 것처럼 너무나 자연스러운 일인데도, '똥'이라는 말만 들어도 눈꼬리를 올리고 콧등을 찌푸리는 경향이 있습니다. 듣기만 해도 더럽고, 생각만 해도 냄새가 나며, 상상만 해도 '쪽팔리다'고 느끼기 때문이죠.

　　이런 반응은 지극히 자연스럽게 보이지만, 생각해 보면 우리 사고가 얼마나 관성적인지 알 수 있습니다. 한번 마음속에 새겨진 어떤 명제 또는 사고 패턴은 마치 습관과도 같아서, 유사한 문제를 만났을 때 그 패턴 그대로 판단하게 만듭니다. 이것이 바로 관성적 사고의 작동 방식입니다.

관성적 사고에서 비판적 사고로

• • •

관성적 사고는 우리가 재빨리 판단할 수 있도록 해준다는 장점은 있지만, 문제를 다각도로 살피고 사려 깊게 판단하는 것을 막는다는 데 문제가 있습니다. 예를 들면, 우리가 학교에서 돌아온 아이 얼굴에 할퀸 자국이 있으면 자초지종을 묻기도 전에 관성적으로 판단해 아이에게 신경질적으로 반응하는 것 같은 거죠. 또 아침마다 입을 옷이 하나도 없다는 사춘기 아이의 말에 기다렸다는 듯이 "왜 늦게 일어났어?" "스마트폰 보다가 늦잠 자고서 왜 나한테 신경질인데?" "옷을 사놓고 왜 입지도 않는 건데?"라며 아이가 지적한 문제의 본질에서 벗어나는 잔소리만 하다 아이와 언쟁하는 것도 같은 맥락이라 볼 수 있습니다.

이처럼 관성적인 사고는 훈훈하게 시작된 대화를, 문제의 핵심을 벗어난 싸움으로 끌고 가는 주된 요인 중 하나입니다. 이런 싸움의 끝에는 꼭 이런 말을 하며 상대에게 상처를 주게 되죠.

"어휴, 너랑은 말이 안 통해!"

화가 치밀었을 때 종종 아이에게 내뱉는 이런 말들. 문제는 이런 말이 아이의 자존감에 상처를 주고 심지어 자아의 뿌리를 흔들기도 한다는 점입니다. 자아와 관련된 지적은 아무리 좋은 말이라 하더라도 상대의 상태에 따라 상대에게 크고 작은 상처를 주기 매우 쉽습니다("넌 역시 최고야"와 같은 무조건적인 칭찬, "다 잘 될 거야", "넌 뭐든 해낼 수 있어"와 같은 근거 없는 희망의 메시지가 주는 허망함, 그 빈말의 쓸쓸함을 우리는 경험적으로 잘 압니다). 하물며 화가 난다고 자녀에게 생각나는 대로 말하다 보면 어떻게 될까요. 특히나 아이에게 수치심을 줄 수 있는 말은 아이 가슴에 콕콕 박혀 아이가 평생 그 말에 시달리게 만들지 모릅니다.

기쁨, 슬픔, 화 등 여러 감정 가운데 '자기 평가'와 관련된 감정으로는 '자존감' '수치심' '죄책감' 등이 있습니다. 이 세 감정은 자기 자신이 어떤 사람인지, 어떤 사람이 되고 싶은지와 같은 자아 정체성과 연동되는 감정입니다. 뿐만 아니라, 이 세 감정은 서로서로 연결되기도 합니다. 자존심이 없다면 부끄러움도 없고 죄의식도 흐려져 뻔뻔해지거나 지나치게 쩔쩔매는 상태가 됩니다.

자기 평가와 관련된 감정 가운데 특히 수치심에 주목해 '똥 사건'을 이야기해 보고자 합니다. 수치심이야말로 부모가 아이를 키울 때 자주 만나는 감정 중 하나입니다. 부모 중에는 아이의 행동이나 성적 따위를 부끄러워해 이를 숨기기도 하고 또 아이를 지나치게 혼내 주눅 들게 하기도 하는 사람이 있는데, 이와 같은 태도는 잘못된 것입니다. 부모라면 행동을 취하기 전에 누가 부끄러운 것인지,

또 무엇이 부끄러운 것인지 따져보아야 합니다. 그렇지 않으면 아이는 자기 존재 자체를 부모가 부끄러워한다고 생각할 수도 있습니다.

지금 나는 아이가 부끄러울까 봐 걱정이 되는 걸까요? 혹시 내 체면에 손상이 갈까 봐 염려하며 아이를 부끄러워하는 건 아닐까요? 후자라면 두말할 것 없이 자기 성찰이 필요할 것입니다. 전자라면 이때 아이가 가지게 되는 부끄러움의 감정을 어떻게 다루어야 할지 고민해 보아야 합니다. 이 감정을 어떻게 다루느냐에 따라, 아이는 가슴에 멍이 들 수도, 발전을 도모할 기회를 얻을 수도 있을 테니까요.

유치원에서든 학교에서든 내 아이가 이른바 '똥 사건'의 주역으로 이름이 오르내린다면? 생각만으로 눈앞이 캄캄해지는 느낌이 들 것입니다. 아이에게는 더 말할 것도 없겠죠. 아마도 아이는 유치원이나 학교를 졸업한 후에도 똥 사건이 좀체 지워지지 않는 고통스러운 기억으로 남을 것입니다. 우리는 똥 사건을 예로 들었지만, 아마 누구에게나 도저히 잊기 힘든 수치스러운 기억 하나쯤은 있을 거예요. 이번 장은 그 기억을 떠올리며 읽으셔도 좋겠습니다.

문제는, 이것이 특정 아이만 유별나게 겪을 수 있는 일이 아니라는 데 있습니다. 다행히 이번에는 이 일이 내 아이에게 일어나지 않은 것뿐, 앞으로 그런 일이 생기지 말란 법이 없습니다.

자, 그렇다면 관성적인 사고를 깨고, 누구에게나 일어날 수 있는 이 '수치스러운 일'에 대해 좀 더 찬찬히 생각해 볼 필요가 있습니다. 그렇지 않고 대충 넘어간다면, 우리 사고의 관성은 더욱 공고해져서 나는 말할 것도 없고 내 아이까지 두고두고 괴롭히게 될지 모르니까요. 관성적 사고에서 벗어나 무엇이 옳은지 그른지를 다양한 각도에서 잘 따져보는 것, 우리는 이를 '비판적 사고critical thinking'라고 말합니다.

규율되는 신체와 인상 관리

• • •

똥 잘 누는 게 얼마나 고마운 일인지 아이를 키워본 부모들은 다압니다. 여행 가서 변비로 고생해 본 사람 역시 절로 고개가 끄덕여지는 일이죠. 그런데 학교만 가면 우리는 왜 똥이 마렵지 않기만을 바라게 되는 걸까요?

예전에는 수업 시간에 학생이 화장실 가는 것을 어느 정도 규제하곤 했습니다. 수업에 방해가 된다는 이유도 있었지만, 우리 몸을 학교 규율 시스템에 맞추도록 하기 위한 이유가 컸죠. 프랑스의 철학자 미셸 푸코는 이를 일컬어 '규율되는 신체(군대, 수도원, 학교 등에서 규율이나 규정을 통해 구성원을 통제하는 방식. 규율을 위반하면 규율 권력에 의해 처벌을 받기 때문에 구성원이 그 공간에 들어가면 신체가 규율에 순종되도록 반응한다)'라고 하기도 했습니다. 그래서인지 학창 시절

조회 시간에 열심히 "차렷!" "열중 쉬어!"를 했던 이들은 어디서 "차렷!"이라는 소리만 들어도 절로 긴장하듯 어깨를 펴고 두 손을 가지런히 놓게 된다고 말하곤 합니다.

생리적인 활동도 마찬가지입니다. 요즘 아이들은 특히 대변을 보고 싶을 때 쉬는 시간이 아니라 일부러 수업 시간에 화장실을 간다고 합니다. 친구들이 냄새 난다고 혹은 더럽다고 놀릴까 봐 걱정되기 때문이라네요. 그래서인지 어떤 아이는 학교에서 대변을 보지 않으려고 아침을 먹지 않고 온다고 하고, 어떤 아이는 변비 걸린 친구를 보고 부럽다고까지 합니다. 생리적인 활동까지 사회 시스템 그리고 타인의 눈에 의해 규제되는 셈이죠.

타인이 알지 못하도록 무언가를 숨기려고 하고, 들키면 부끄러워 얼굴이 빨개지거나 자꾸 자신을 뒤로 물러서게 만드는 그런 종류의 감정, 이것이 수치심입니다. 그런데 대변 활동이 왜 수치심을 일으키는 걸까요?

아무리 서로 떠들고 장난치고 욕도 하는 친구 사이라지만, 그런 사이에도 절대로 보여주고 싶지 않은 자기만의 영역이 있게 마련입니다. 꼭 훌륭한 사람이 아니더라도 우리에게는 사회적으로 '썩 괜찮은 사람'으로 인정받고자 하는 욕구가 있고, 이 욕구로 인해 우리는 사회적 이미지를 관리하게 됩니다. 사회 속에서 좀 훌륭한 사람이 되고 싶다는 열망 그리고 나름의 '괜찮은 인간'으로 인정받고 싶은 욕구 때문에 우리는 각자의 사회적 이미지를 관리합니다. 캐나

다 출신의 사회학자 어빙 고프먼Erving Goffman은 이를 '인상 관리(조직이나 집단 속에서 기대되는 역할을 위해 자신의 이미지를 통제, 다른 사람에게 적절하게 전달하고자 하는 것. 고프먼은 인상 관리를 목적의식적이고 의도적인 행위라 생각한다)'라는 용어로 표현합니다. 사회적 역할에 따라 다른 사회적 가면을 쓰고 자신의 인상을 관리한다는 뜻입니다.

우리는 바깥에선 규율되는 신체처럼 인상을 잘 유지하다가도 제일 편한 집에 와서는 긴장을 살짝 풀어놓는 바람에 정작 제일 가까운 가족에게 전혀 다른 모습을 보이기도 합니다. 아이에게 버럭버럭 소리를 지르던 아빠가 전화를 받는 순간 목소리가 180도 달라질 때, 아이는 그 생경함을 기억하게 마련이죠.

아이도 크면 자기 인상을 관리합니다. 그래야 사회생활이 원만하다는 것을 암묵적으로 배우기 때문입니다. 인상 관리의 영역은 다양하지만, 일차적으로는 주로 인간의 동물적인 속성과 관련된 부분이 해당됩니다. 예를 들면, 배설 활동, 성생활, 자는 모습, 이기적인 행위 등이 대표적이죠.

수치심과 왕따의 상관관계

• • •

아무리 고상한 척한들 인간은 음식을 먹는 유기체이기에 우리 몸에 똥이 있는 것은 너무나 당연한 일입니다. 그렇다면 더러운 것이 내 안에 있으니 나 자체가 더러운 것이 되는 것일까요? 이는 경계의 문제, 즉 몸 안과 밖이라는 경계와도 관련 있어 보입니다. 이를테면, 소변이 내 몸 안에 있을 때와 내 몸 밖으로 나올 때가 다르게 느껴지죠. 콧물이 내 콧속에 있을 때와 코 밖으로 흘러내릴 때 우리는 다르게 여깁니다. 경계 안에서는 괜찮지만 경계 밖이라면 문제가 되는 것, 이것은 단지 분비물에만 국한되지 않습니다.

우리 모임, 우리 사회, 지구의 안과 밖도 똑같습니다. 만약 외계인이 우리 지구에 온다면 어떻게 될까요? 곧바로 쫓아내고 물리쳐야 할 대상이 되거나 아니면 우리 쪽으로 동화시키고 굴복시켜야 하는 대상이 되지 않을까요? 바로 이런 것입니다.

이는 '왕따'의 논리와도 닮았습니다. 내가 만약 학교에서 혐오의 대상이 되면 다른 아이들은 저랑 놀지 않을 겁니다. 소위 왕따가 되는 거죠. 다른 친구들도 왕따하고는 놀지 않습니다. 왕따랑 말하고 놀면 다른 친구들이 자신도 왕따 취급할 테니까요. 자신이 왕따당하지 않기 위해 왕따당하는 아이를 더욱 왕따시키게 되는 것이죠.

방귀도 비슷합니다. 방귀 소리가 들릴라치면, 그 주변의 아이들은 마치 자기는 절대 방귀를 뀌지 않았다는 투로 코를 막고는 눈살을 찌푸리며 냄새가 심하다는 엄살까지 호들갑 삼종 세트를 마구 날려댑니다. 그래야 다른 아이들로부터 "너지?"라는 의심을 받지 않기 때문입니다. 여기서 한 발 더 나아가 더욱 적극적으로 '난 아님'을 드러내는 아이도 있습니다.

이 같은 방어는 타인의 수치를 보고 나서야 끝이 납니다. 즉, 방귀 뀐 당사자가 누구인지를 명명백백하게 가리고 나서야 자기가 아니었음을 의기양양하게 확인받습니다. 이제 모든 냄새, 소리, 소란의 탓을 방귀 뀐 아이에게 다 몰아줍니다. 끝끝내 색출해 낸, 별로 잘못한 것도 없는 이 아이는 타인의 눈과 입, 손가락질에 의해 격한 수치심에 휩싸입니다. 이것이 확대되면 희생양(왕따) 구조가 되고 맙니다.

2.

수치심이 꼭
나쁜 것만은 아니다

길을 걷다가 강아지가 똥을 누는 모습을 보면 부끄러운가요? 오히려 개 주인이 강아지 똥을 치우지 않으면 그걸 더 부끄러운 행위라고 여길 겁니다. 개가 똥을 누는 것보다 그 똥을 치우지 않은 개 주인이 더 부끄러운 것을 보면, 부끄러움이란 행위 주체가 나와 같은 종種일 때 느끼게 되는 감정이라는 것을 알 수 있습니다. 그도 그럴 것이, 도덕이란 같은 종끼리의 선하고 좋은 행위를 끌어내는 것이기 때문이죠. 인간의 선한 행위는 세상의 인정을 받는데, 이는 '명예'로 드러납니다.

결과적으로 명예와 수치심은 '나'에 대한 세상의 평판으로 인해 발생하며, 같은 종 그리고 같은 시대, 같은 문화권에서 더욱 빈번하게 발생하는 사회적 감정이라고 할 수 있습니다.

원초적 수치심이라는 보편적 조건

• • •

미국의 철학자 마사 누스바움Martha C. Nussbaum은 인간에게 인간 존재의 탄생과 함께 나오는 근원과도 같은 감정이 있다고 여깁니다. 이를 '원초적 수치심(누스바움이 자신의 저서《혐오와 수치심Hiding from Humanity》에서 쓴 용어로, 인간은 태어남과 동시에 자신의 불충분함, 취약함, 불완전함 때문에 이 수치심을 갖는다고 한다)'이라 합니다.

마치 유토피아처럼 가만히 있어도 내가 필요한 모든 것이 충족되는 엄마의 자궁에 있던 아기는 시간이 지나 완벽하지도, 안전하지도 않은 이 세상으로 나옵니다. 그런데 자궁 밖은 살기 위해 내가 필요로 하는 그 무언가를 애써 구해야 하는 세상입니다. 아기는 혼자서는 결코 생존을 위한 자신의 필요(양식, 배설, 잠자기 등의 욕구)를 해결할 수 없으므로 다른 사람들, 이를테면 부모나 양육자에게 의존해야만 합니다. 자신의 필요를 다른 사람의 손에 의지해야 하는 이 취약성은 인간 누구에게나 해당되는 것, 인간 존재에게 처음부터 주어진 조건이므로 이를 '보편적 조건'이라 말합니다.

자궁 밖 세상에 던져진 인간으로서, 아기는 타인에게 자신의 필요를 구해야 하는 원초적 수치심을 가질 수밖에 없습니다. 바꿔 말하면, 수치심은 나만 특별히 갖는 감정이 아닙니다. 우리 모두에게는 원초적인 수치심을 비롯해, 살면서 각자의 경험에 의해 차곡차곡 쌓인 크고 작은 수치심이 마음 깊숙이 자리하고 있습니다.

똥을 누는 행위도 마찬가지입니다. 인간이라면 누구나 보편적 조건으로 갖게 되는 생리적인 욕구가 있습니다. 다만 이것을 어떻게 관리하느냐 혹은 문화에 따라 허용되는 지점이 어느 정도냐에 따라 우리에게는 수치심이 생기기도, 죄책감이 생기기도 하는 것이죠.

인격과 관련된 사회적인 감정

. . .

우리는 자기 모습을 타인에게 다 보여주진 않습니다. 속이기 위해서가 아니라 그럴 필요가 없기 때문입니다. 그러나 어떤 상황에선 자기 자신을 타인에게 감추기도 합니다. 영국의 정신과 의사 도널드 위니콧은 이를 '거짓 자기(절대적 의존기인 유아기에 양육자가 미숙하거나 무능력해 유아가 충분한 돌봄을 받지 못할 때 유아는 만족하지 않으면서도 양육자(현실)에게 순응하는 척함으로써 거짓된 관계를 형성한다)'라는 용어로 설명합니다.

세상에 드러내는 거짓 자기가 다 병리적이라고만 볼 수는 없습니다. 이는 세상의 관성적 사고와 편견을 비롯한 모든 평가들로부터 자기를 보호하기 위한 하나의 방편이니까요. 보통 우리는 자신의 불완전성을 잘 아는 친구나 가족에게 자신이 완벽하지 않다는 점을 솔직히 말하곤 합니다. 인상 관리를 하거나 거짓 자기로 살면서 받는 스트레스를 가까운 사람들과 풀기도 하죠. 거짓 자기는 자기를 꼭 보호해야 할 사적인 경우에 제한적으로 쓰고요.

자기만 아는, 아주 은밀하고도 사적인 영역은 다른 사람들에게 보이고 싶지 않습니다. 이를테면 똥을 누는 행위는 어떨까요? 이는 굳이 남에게 보일 필요가 없는 행위입니다. 아무리 솔직한 사람이라도 이런 모습까지 남에게 보이는 것이 솔직하고 진정성 있는 모습은 아닐 것입니다. 오히려 가장 내밀한 어떤 행위는 우리의 인격성이 쏙 빠져버린, 동물성에 근거한 행위일 경우가 많은데, 이때 우리는 부끄러움을 느낍니다. 인격체로서의 '나'가 빠진 자연적인 존재, 즉 동물적인 모습을 보일 때 우리는 부끄러움을 느끼는 것이죠.

여기서 우리는 수치심에 대해 또 하나 알게 됩니다. 수치심은 우리 인격과 관련된 감정이라는 것을요. 말했듯이 수치심은 사회적인 감정입니다. 그렇다면, 수치심이란 '우리의 인격과 관련된 사회적인 감정'이라고 정리할 수 있겠습니다.

내면화된 타자의 감시

. . .

'똥 사건'으로 돌아가 볼까요? CCTV로 똥을 누고 도망간 학생이 누군지를 밝히자고 한 선생님에게 다른 선생님이 슬프게 말합니다.

"그(똥을 누는) 장면을 볼 우린 또 얼마나 비참하겠어요? 남의 수치를 확인하는 일도 괴로워요."

이 교사의 말에 공감하시나요? 내가 똥을 누는 걸 남에게 보이고 싶지 않은 마음은 충분히 공감이 됩니다. 그런데 남이 똥 누는 걸 보는 건 왜 부끄러울까요?

선팅을 진하게 한 자동차 안에 있는데, 밖에서 고춧가루가 이에 끼었나 보려고 차창에 얼굴을 갖다 대는 사람을 차마 쳐다볼 수 없던 경험, 해본 적 있나요? 내가 한 짓도 아닌데 차마 똑바로 눈뜨고 쳐다보지 못하는 분들이 많을 겁니다. 이는 나에게도 있는 그 모습을 타인을 통해 재차 확인받고 싶지 않은 심리적인 방어기제로 인한 것입니다.

누군가에게 자신의 부끄러운 행위가 노출되었을 때 우리 인격은 실추되고 맙니다. 반대로, 노출되지 않은 행동, 표현되지 않은 생각은 타인으로부터 비난받지 않기에 수치심이 발생하지 않을 것만 같습니다. 그런데 영국의 철학자 버나드 윌리엄스Bernard Williams는 수치심이 타인의 응시(눈)가 없어도 발생한다고 주장합니다. 타인이 보든 보지 않든, 내 생각을 표현하든 하지 않든 당사자인 나는 수치심을 느낄 수 있는데, 이는 자기 안에 '내면화된 타자'가 있어서 그 타자가 자신의 행위와 사고를 보고 듣기 때문이라는 것입니다.

그럼 내면화된 타자란 누구일까요? 예컨대, 네덜란드 태생의 화가 빈센트 반 고흐Vincent van Gogh는 책을 읽고서 "농민으로 태어나서 농민으로 죽을 것"이라 말한 프랑스의 화가 장 프랑수아 밀레Jean Francois Millet를 알게 되고 용기를 얻어 그의 그림에 관한 철학과 화풍을 자주 따라 했다고 합니다. 이때 밀레는 고흐 안에 사는 내면화된 타자라 할 수 있습니다. 내면화된 타자는 내가 존경하는 어떤 인물, 아버지, 어머니 혹은 영향을 많이 준 가족일 수도 있습니다.

타인은 내 행위, 내 사고를 전혀 모른다 해도 내 안에 살아 있는 이 내면화된 타자는 나를 수시로 검열하기에 나(자아)는 수치심을 느낄 수 있습니다. 즉, 내면화된 타자는 나에게 어떤 행동은 존경받고, 어떤 행동은 인정받고, 어떤 행동은 경멸받으며, 어떤 행동은 적대적인 반응을 이끌어낼 거라는 윤리적인 기준을 제공합니다. 그러므로 나는 내면화된 타자에 나를 비추어 끊임없이 성찰하고 자기를 교정함으로써 오늘보다 더 나은, 좀 더 인격적인 사람으로 전진할 수 있게 되는 것입니다.

결국 수치심은 타인에 의해 생기는 수동적인 감정만이 아닙니다. 또 잘못된 행위를 한 후 타인에게 들켜서 생기는 부정적인 감정이 아닌, 자기 내부에서 발생할 수도 있는 자기 성찰적이고 자율적인 도덕 감정이라고 할 수 있습니다.

3.

수치심은
교육되어야 한다

"처벌은 확실하게 해야죠. 여긴 학교잖아요. 벌점 최고점으로 갑시다!"

어쩌다 실수로 복도에 똥을 누는 것까지는 그럴 수 있다 쳐도 자기가 저지른 일을 수습하지 않고 도망간 것은 분명 잘못이라며, 이렇게 말한 선생님의 생각에 동의하는 분도 있겠죠? 학교는 교육을 하는 곳이고, 교육이란 학생이 잘못한 일을 바로잡아 다시는 그런 일이 일어나지 않도록 하는 것이니까요. '다시는 그런 일이 생기지 않도록'이라는 부분에는 모두가 동의할 것입니다. 관건은, 그렇게 하기 위해 어떻게 훈육을 할 것이냐 하는 거죠. 일벌백계만이 답일까요? 특히 수치심을 이용한 처벌이라면 어떨까요?

수치심 처벌은 학대의 다른 이름

• • •

예전에는 오줌을 싼 아이에게 키를 쓰고 동네를 한 바퀴 돌며 소금을 얻어오게 했었죠. 커서 생각하면 웃음 짓게 되는 일이지만, 키를 쓴 오줌싸개는 방문하는 집집마다 쏟아지는 웃음을 감내하며 혹시 친구라도 마주칠까 벌벌 떨었을 것입니다. 그 아이 입장에 이입해 상황을 상상해 보면 누구라도 얼굴이 화끈대지 않을까요?

예전만큼은 아니지만, 요즘에도 이런 이야기는 왕왕 들려옵니다. 얼마 전 TV에서는 어떤 어린이집에서 아이들이 똥이 마려워도 선생님이 냄새난다고 싫어해서 참는데, 그러다 실수를 하면 선생님이 친구들 다 보는 앞에서 그 아이를 알몸으로 서 있게 한다는 뉴스가 나왔습니다. 이런 수치심 처벌은 그야말로 정서적인 학대에 해당하는 것입니다.

누스바움에 의하면 수치심 처벌은 원초적 수치심(수치심의 부정적인 기능)을 강화하며, 이를 통하여 오히려 자신을 전지전능하고 완벽한 사람으로 만들려는 욕망을 자극합니다. 일종의 나르시시즘이라 볼 수 있는데, 이는 인간으로서 결코 이르지 못하는 허무한 욕망에 불과합니다. 수치심 처벌을 받은 아이는 자신의 몸에서 나오는 똥에 대해 불쾌감을 넘어 혐오를 느끼고, 나아가 그것이 자기 몸에서 나오는 것이기 때문에 자기 자신도 혐오하게 됩니다. 부당하게 원초적 수치심을 자극하면 절대 안 되는 이유죠. 누스바움은 사회적으로도 우리가 이런 부당한 수치심 자극을 거부해야만 평등하고 민주적인 인격 사회로 나아갈 수 있다고 강조합니다.

상대에게 잊을 수 없는 수치감을 주어 그를 심적 고통에 빠뜨리고 말을 고분고분 듣게 만드는 것은 분명한 학대입니다. 문제는, 이런 일이 생각보다 비일비재해 우리가 인지하지 못하는 경우가 많다는 점입니다. 특히 이런 일은 부모·자식 사이에 흔히 일어납니다. 아이가 선생님 말 잘 듣게 하려고, 공부 열심히 하게 하려고, 잘 크게 하려고… 핑계는 한도 끝도 없습니다.

아이에게 수치심을 줄 수 있는 말들을 한번 떠올려볼까요?

"너 같은 애는 스마트폰 가질 자격도 없어!" "내가 왜 너를 낳아서 이렇게 고생인지 모르겠다!" "너도 꼭 너 같은 애 낳아서 당해봐야 내 마음 알지." "한두 번 말하면 알아들어야지. 이렇게 말해도 못 알아들으면 그게 인간이니?" "'공부도 못하는 애' 소리 들으면 좋니?" "평소에 좀 그렇게 하지!"

이런 말들을 듣는 순간, 아이는 자신이 불충분할 뿐만 아니라 인간으로서 최소한의 자격도 없다고 여기게 됩니다. 수치심으로 가득 찬 아이는 이 상태를 극복할 의지조차 이미 꺾였기 때문에 점점 더 자기 안으로 숨어버립니다. 마음의 문을 꽉 닫고, 덩달아 방문도 쾅 닫아버리죠. 이렇게, 내면화된 수치심은 사랑하는 내 아이가 성인이 된 후에도 언제 어떻게든 튀어나와 끊임없이 아이를 괴롭힐 것입니다.

문학적 상상력 기르기

• • •

수치심이 일어난다는 것은 내가 참을 수 없는 선을 타자 혹은 자신이 넘었다는 것을 뜻합니다. 이럴 때는 '무엇이 문제인가?' '왜 문제가 되는 걸까?'라는 질문을 스스로에게 던지며 생각할 시간을 가져야 합니다. 이 과정을 생략해 버린다면 소위 말하는 '뻔뻔한' 사람이 되고 맙니다.

그렇다면, 나와 내 아이가 뻔뻔해지지 않으려면, 또 남에게 수치심을 주지 않으려면, 어떻게 해야 할까요?

누스바움은 특별히 '문학적 상상력' 기르기를 권합니다. 내가 타인에게 어떻게 비치는지, 나는 아이의 마음을 어떻게 이해할 수 있는지 등 복잡하고 미묘한 문제를 문학이 도와준다는 것입니다. 문학은 우리 삶의 단면을 드러내는 것이니, 그것들을 다 모으면 인간 삶의 총체성을 가늠해 볼 수 있을 것입니다. 문학을 통해 우리는 '아하, 나에게는 이런 면이 있구나' '나는 저런 행동을 하는 인간이구나' 하고 자기를 이해할 수 있게 됩니다.

문학 속에서 수치심은 다양한 모습으로 표현됩니다. 고대 그리스의 시인 소포클레스Sophocles의 작품 〈아이아스Aias〉를 예로 들어 보겠습니다.

아이아스는 그리스의 용감한 장수입니다. 대장 아킬레우스가 죽자, 가장 우수한 군인에게 대장의 투구가 포상으로 주어지는 전통에 따라 아이아스는 자신이 당연히 투구를 받게 되리라 생각했습니다. 하지만 그 투구는 투표에 의해 오디세우스에게 돌아갑니다. 아이아스는 자신이 투구를 받을 자격이 충분한데도 동료들이 자신에게 투표해 주지 않은 것에 분노합니다. 분노에 눈이 멀어 아군 막사에 들어가 마구 칼을 휘두르기까지 합니다.

광기의 시간이 지나고 차분히 생각을 정리하게 된 아이아스는 그때야 비로소 자기 자신을 들여다보게 됩니다. 아이아스는 스스로가 자기 생각만큼 완벽하지 않은 인간임을 인지하고 수치심을 느낍니다. 지금까지 이룬 성취와 성공이 오로지 자기 능력 때문이라 여기며 우쭐했던 스스로를 반성하면서, 신과 다른 이의 보살핌 덕분에 자기가 지금 그 자리에 있을 수 있음을 깨달은 것입니다.

세상 살아가는 일이 오롯이 자기 능력으로만 되는 건 결코 아니죠. 모든 일은 연결되어 있어서, 어떤 일은 정말 운으로, 또 어떤 일은 타인의 살뜰한 도움으로, 또 어떤 일은 주위의 열렬한 바람으로 가능하게 마련입니다. 이렇게 완벽하지 않은 우리가 타인의 배려와 도움에 힘입어 살아가고 있음을 알게 된다면, 우리는 결코 원초적 수치심을 갖게 되지도 남에게 주게 되지도 않을 것입니다. 어떤가요? 〈아이아스〉라는 문학 작품 한 편으로도 이런 통찰력이 충분히 길러지지 않나요?

우리 삶을 재현한 문학 작품을 읽으며 우리는 우리 자신과 타인을 더욱 잘 이해하게 됩니다. 나아가, 자신의 경험에 비추어 등장인

물들을 해석하면서 자기라는 한계를 넘어 세상을 보다 객관적으로 바라볼 수 있게 됩니다. 이로써 자기 앞에 닥친 문제의 본질이 무엇인지, 그 문제가 내 잘못으로 생긴 건 아닌지 비판적으로 검토해 볼 수 있게 되는 것이죠.

이러한 성찰 경험은 내면에 큰 변화를 일으킵니다. 이 변화야말로 성숙이고 성장이라 할 수 있습니다. 아침마다 거울을 보며 외면을 점검하듯, 문학 작품을 통해 수시로 자기 내면을 점검하다 보면, 내가 진짜 가져야 할 수치심이 무엇인지 알고, 부정적인 수치심을 이겨나갈 수 있을 것입니다. 또 타인이 주는 부당한 수치심에 대해 저항할 힘도 기르게 됩니다.

대화로 철학하기

창피했던 순간을 떠올려보자. 그 창피함을 모면하려는 방법으로 타인에게 책임을 전가하거나 타인을 탓했던 적이 있는가? 그 행동에 대해 부끄러움을 느끼는가?

부모로서 아이의 행동이 창피하게 느껴졌던 순간이 있다면? 그때 아이에게 어떤 말을 했는가?

아이의 행동 중 내가 가장 부끄럽게 여기는 것은 무엇인가? 왜 그것이 부끄러울까?

아이가 부끄럽게 생각할 것 같은 내 모습에는 어떤 것이 있을까?

〈 아이에게 던지는 질문 〉

학교에서 벌을 설 때 친구들이 쳐다보면 어떤 생각이 드는가?
내 잘못이 부끄러운 걸까, 벌 서는 내 모습이 부끄러운 걸까?

부모님에게 내가 듣고 싶지 않은 말은 무엇인가?

노력해도 안 되는 일에 대해 부모님이 혼을 내면 어떤 기분이 드는가?

누가 뭐라고 하지도 않는데 나 스스로 부끄러워했던 적이 있는가?
무슨 일이었고 왜 그랬는가?

9장

어떻게 해야
행복하게 살까

석가
아리스티포스
에피쿠로스
이마누엘 칸트
알레스데어 매킨타이어

by 박현주

엄마랑 말싸움을 하고 학원 가는 길. 발걸음이 무겁다.

"김민규! 너 성적이 이게 뭐야? 내가 너 때문에 속 터져 죽는다. 동생 반만이라도 닮아 봐!"

엄마는 내 얼굴 앞으로 성적표를 들이밀며 고함을 질렀다. 성적이 떨어질 때마다 동생을 닮으라는 엄마의 말이 오늘따라 유난히 신경을 건드렸다.

"엄마가 자꾸 민아 편을 드니까 더 공부하기 싫어진다고. 그리고 난 어차피 공부에 소질도 없으니까, 제발 성적 가지고 스트레스 주지 마!"

"너 그걸 말이라고 해? 엄마가 고생해서 너 학원 보내는 이유가 뭔데? 취직하려면 대학은 나와야 할 거 아냐? 학원비 대려고 마트 알바까지 하는 엄마한테 그게 할 소리니?"

그런 엄마야말로 내 생각을 조금이라도 해보았을까?

"삼촌은 대학 나오고도 취직 못 하고 있잖아. 나 대학 안 갈 거야. 그러니까 난 학원 끊을 거고, 엄만 알바 관두라고."

"시끄러워! 헛소리 그만하고 빨리 학원이나 가!"

열 살 때까지만 해도 엄마는 다정했다. 동생한테 책을
읽어줄 때면 엄마는 동생을 잘 돌본다며 나를 얼마나
칭찬해 주었는지 모른다. 그런데 내가 열한 살이 되고부터
엄마는 달라졌다. 좋다는 학원들을 이리저리 옮겨 다니는
공부기계가 되면서, 나는 점점 공부하기가 싫어졌다.
도대체 왜 공부를 해야 하는지, 아니 왜 공부를 잘해야
하는지 모르겠다. 엄마는 공부 못하는 나를 창피하게
생각한다. 엄마를 힘들게만 하는, 돈만 잡아먹는, 아무
짝에도 쓸모없는 아들…. 나만 사라지면 엄마, 아빠,
공부 잘하는 민아, 셋은 마음 편히 행복하게 살겠지?
학원 옥상에서 아래를 내려다보니, 헤드라이트를 켠
자동차들이 빠르게 지나간다. 어디로 떨어지게 될까?
옥상 난간 위로 올라가려는데 말할 수 없는 공포가
밀려온다. 등줄기로 서늘한 땀방울이 흘러내리는 것을
느끼며 주저앉는다. 참았던 울음이 걷잡을 수 없이 터진다.
나는 앞으로 어떻게 해야 할까….

1.　　　　　마음의 평화와 행복은
　　　　　　　　　과연 어디에

　　　　　　　　　　우리나라는 청소년 자살률이 OECD 국
가 중 1위라는 불명예를 가지고 있습니다. 극단적인 선택을 하는
원인으로는 학교 폭력도 있지만, 성적 비관도 무시할 수 없는 비중
으로 거론됩니다.

　성적 때문에 엄마와 다투고 학원 옥상으로 올라간 민규처럼, 시
험을 보고 나서 자살을 생각할 정도의 고통을 느끼고 있는 아이들
이 많은 것이 현실입니다. 물론 그 고통의 원인은 단지 성적 때문이
아니라 엄마와의 관계 때문일 수도 있습니다. 성적이든 인간관계
든, 아이들은 자신에게 고통을 주는 원인으로부터 도망치고 싶어
합니다.

고통 자체인 삶에서 행복이란

• • •

불교에서는 우리의 삶 자체를 고통으로 봅니다. 불교에서 말하는 '사성제四聖諦'란 우리의 삶 자체가 고통이며(고苦諦), 그 고통은 욕망으로 인한 것이니(집集諦), 욕망에 집착하지 말고 그것을 없애버려 욕망의 불길이 꺼져버린 상태에 이르면(멸滅諦), 깨달음을 얻어 해탈하여 고요한 마음의 평화를 얻을 수 있게 된다(도道諦)는 진리입니다. 민규가 성적으로 인한 고통으로부터 벗어나기 위해 자살을 떠올리는 것도 마음의 평화를 원해서입니다. 하지만 자살은 궁극적으로 마음의 평화마저 놓치는 행위일 수밖에 없죠. 고통이든 마음의 평화든 '살아 있다'는 전제 하에 느끼는 것들이니까요.

민규 엄마의 입장도 이해가 갑니다. 아이의 행복한 미래를 위해 힘들게 학원을 보내는데, 아이는 엄마의 마음을 조금도 몰라줍니다. 민규 엄마는 아이 때문에 자신이 말도 안 되는 고생을 하고 있다고 생각합니다. 그런 마음이라면 아이 성적 때문에 사람들 보기 창피하다고 여기기도 할 것이고요. 그러니 민규 엄마도 힘들기는 마찬가지일지 모릅니다. 그런 상태에서 행복하기란 어렵겠죠.

민규 엄마는 아이가 공부를 잘해서 좋은 대학에 가고, 좋은 직장을 얻어 경제적으로 안정된 생활을 해야 자신도, 아이도 행복해질 수 있다고 믿습니다. 그런데 과연 행복한 미래는 어떤 모습일까요? 명문대학을 졸업하고 대기업에 입사하고 자기 집을 마련하면

충분히 행복할까요? 준수한 외모와 넉넉한 재력을 갖춘 배우자를 만나면 행복할까요? 자녀가 영특해 사람들로부터 입에 침이 마르도록 칭찬을 받으면 행복할까요?

이 모든 것들에 만족하고 있는 사람이 있다고 합시다. 그럼 그 사람은 정말 행복한 사람일까요? 만일 행복한 사람이라면 그 행복은 얼마나 유지될 수 있는 것일까요?

2. 행복을 추구하는 몇 가지 방법

철학이라고 하면 고담준론을 펼치면서 일상적인 것과는 거리가 먼 논의를 하는 것으로 여겨지기도 합니다. 그런데 서양의 고대 철학자인 아리스티포스Aristippos는 순간의 쾌락이 중요하고 말합니다. 다가올 미래는 불확실하고 우리의 능력이 미치는 순간은 현재이기 때문입니다. 먼 미래의 행복을 위해 현재의 즐거움을 포기하고 유예시키기보다는, 지금 당장의 즐거움을 누리면서 행복한 인생을 살라는 것이죠. 과거는 지나가서 존재하지 않고, 미래는 아직 오지 않아 존재하지 않으니, 현재에 집중해 행복하다면 행복한 인생이 될 테니까요.

사실 우리는 먼 미래를 위해 현재를 저당 잡히는 경향이 있습니다. 아이들에게 왜 공부하느냐고 물으면 정말 많은 아이들이 '좋은 대학' '좋은 직업'이라는 미래의 그림 때문이라고 말합니다. 미래를 위해 지금은 힘들고 고통스러워도 꾹 참고 공부해야만 한다고 생각하는 것이죠.

미래의 행복을 위해 현재의 고통을 감수한다는 것. 참 아이러니한 일입니다. 20년, 30년 후 현재가 된 미래는 과연 행복할까요? 지금의 패턴대로라면 더 먼 미래, 노후를 준비해야 하는 고통의 시간이 되지는 않을까요?

즐거우면 됐지, 뭘 더 바라나

• • •

'현재를 즐겨라(잡아라)'라는 뜻의 라틴어 '카르페 디엠Carpe Diem'은 우리에게 말합니다. 아직 오지 않은 미래를 위해 현재를 희생시키지 말라고. 이 말은 '피할 수 없다면 즐겨라'라는 말로 해석되기도 합니다. 비록 고통스러운 일이라 할지라도 회피할 수 없다면 적극적으로 받아들이고 그 안에서 행복을 발견하려고 노력하라는 것이죠. 운명론자의 체념처럼 들리는 이 말은 행복을 위한 또 하나의 길처럼 들립니다. 그래서 우리는 큰 목표를 설정하고 그것을 위해 노력하기보다는 지금 느낄 수 있는 행복을 찾곤 합니다.

얼마 전 유행했던 말들, '욜로YOLO, You Only Live Once(인생은 한 번뿐.

즉 지금을 즐겨야 한다)'나 '소확행(소소하지만 확실한 행복)'을 추구하는 사람들 또한 쾌락주의자들의 금언에 따르는 것처럼 보입니다. 이들은 배낭 하나 메고 세계 여행을 떠나거나, 오래전 헤어졌던 친구를 다시 찾거나, 사랑하는 사람과 맛있는 식사를 하거나, 좋아하는 음악을 듣거나, 반려견을 데리고 공원을 산책하는 등의 오로지 '나만을 위한 작은 즐거움'을 만끽합니다. 굳이 고상하고 우아한 것일 필요 없습니다. 우리는 정서적으로 만족감을 주는 감각적인 즐거움을 곧 행복이라 여깁니다.

우리가 감각적으로 경험하는 행복은 심리적인 만족감과도 상통합니다. 하지만 심리적인 만족감은 늘 한계에 부딪힙니다. 아무리 사랑하는 사람이라도 연애감정은 일시적일 수밖에 없고, 좋아하는 것들 역시 곧 시들해지게 마련입니다. 그래서 우리는 늘 새로운 것을 원하고, 더 자극적인 것을 찾고, 더 안락한 것, 더 좋은 것들을 쫓습니다. 그러다 영원할 것 같던 행복, 지금 찾아낸 행복은 신기루처럼 사라지기도 합니다.

순간의 쾌락보다는 정신적 쾌락
· · ·

우리에게는 아리스티포스보다 더 친숙한 에피쿠로스 역시 쾌락주의자로 알려져 있습니다. 그런데 에피쿠로스는 아리스티포스와 달리 정신적 쾌락이 더 중요하다고 보았습니다. 아리스티포스는 순간의 쾌락을 강조했지만, 에피쿠로스는 이성에 의해 과거의 육체적 쾌감을 기억하면서 그것을 미래까지 영속시킬 수 있다고 보았던 것입니다. 이성을 '감각적인 본능을 억제하고 제어하는 것'으로 본 플라톤주의자들과 달리, 그는 '고통에 직면했을 때 즐거웠던 과거에 눈 돌리게 하고 미래를 바라보게 함으로써 쾌감을 유지시키고 증폭시킬 수 있는 수단'으로 본 것입니다. 과거의 즐거웠던 시간을 회상하고 추억하면서 행복감을 느낄 수 있는 것도 이성이라는 정신의 활동이 작용하기 때문이라는 것이죠.

하지만 생각해 보세요. 달콤한 기억을 회상할 때, 그것은 행복감을 주기도 하지만 오히려 그런 행복이 사라져버린 지금을 더 비참하게 할 수도 있습니다.

결국 에피쿠로스가 말하는 행복은 궁극적으로 정신적 쾌락입니다. 이 정신적 쾌락은 즐거움을 추구하는 것이 아니라 고통을 없앤 평온한 상태를 의미합니다. 정신적 쾌락이 육체적 즐거움을 회상하는 데 기여한다 하더라도 우리의 육체는 즐거움과 함께 고통도 느끼기 때문에, 정신적으로 평온한 상태인 행복(아타락시아Ataraxia)에 머물러 있기 위해서는 고통을 최소화하는 것이 필요합니다. 한마디로, 고통이 없다는 것 자체가 쾌락인 것입니다. 그리고 고통을 없애고 모든 공포로부터 해방되기 위해서는 이성을 사용해 우주의 원리를 인식해야 합니다. 불교의 사성제와 일맥상통하는 행복의 원리인 셈이죠.

하지만 종교적 해탈과 같은 마음의 평화를 이루는 것, 마음 다스리기는 결코 쉽지 않은 일 같습니다. 참, 행복해지기 어렵습니다. 그런데 심리적인 만족이나 마음의 평화가 행복의 전부는 아니라고 말하는 철학자도 있습니다. 그렇다면 행복해지기 위한 또 다른 길은 무엇일까요?

중요한 것은 도덕적으로 가치 있는 행위

• • •

독일의 철학자 이마누엘 칸트Immanuel Kant는 인간이 이기적인 욕망을 가진 존재이면서, 또한 양심을 지닌 도덕적인 존재라고 보았습니다. 같은 맥락에서, 자연 법칙이 지배하는 감성의 세계에 살고 있는 동시에 도덕 법칙이 지배하는 예지의 세계에 살고 있다고 했습니다.

감성의 세계에 살고 있는 인간은 생존에 관련한 자연적인 욕망과 함께 감각적인 것과 관련한 내적 욕구를 가지고 있습니다. 칸트는 감성의 세계에서 작용하는 인간의 정신상태를 '경향성neigung, inclination'이라고 말합니다. 이 경향성에 따라, 개인의 취향이나 선호도, 가치관을 토대로 원하는 것을 충족하는 만족감을 행복이라고 보았습니다.

심리적으로 즐거움을 주는 것이 행복이고, 고통을 주는 것은 불행이죠. 문제는, 즐거움과 고통이 그렇게 단순하지 않다는 사실입니다. 어떤 행위는 즐거움과 기쁨을 안겨주지만, 이와 함께 고통을 선사하기도 합니다. 엄마 몰래 학원을 빠지고 친구들과 노는 아이가 즐거운 시간을 보내면서도 마음 한구석이 편치 않은 것처럼요. 즐거움을 주는 행위가 곧 도덕 법칙에 위배되는 행위가 될 수도 있다는 것입니다.

우리는 어떤 행동을 선택해야 하는 상황에서 눈앞의 이익을 취할 것인가, 아니면 양심을 따를 것인가와 같은 갈등의 순간에 처하게 됩니다. 성적을 높이고 싶은 경향성과 부정행위를 해서는 안 된다는 원칙 사이에서 갈등하는 것도 우리가 두 세계에 속한 존재이기 때문입니다.

칸트에 따르면, 인간은 본능에 따라 행동하는 동물과 달리 '선의지'를 지니고 양심에 따라 옳은 행위를 지향하는 존재입니다. 그런데 칸트는 단지 옳은 행위를 하는 것만으로 충분치는 않고, 도덕적으로 가치 있는 행위를 해야 한다고 말합니다.

예를 들어, 상인은 돈을 벌겠다는 목적을 가지고 물건을 팝니다. 이때 타인을 속여선 안 되며 정직하게 장사를 해야 합니다. 그러나 정직하게 장사한다고 해서 다 도덕적으로 가치 있는 행위는 아닙니다. '정직한 상인'이라는 평판을 얻어 더 많은 돈을 벌겠다는 목적을 가지고 있다면, 진정한 도덕적 행위는 아니라는 것이죠. 정직은

돈 벌기 위한 수단은 아니니까요. 반면, 정직이라는 의무를 실천하겠다는 자발적인 의지를 갖고 물건을 팔았다면, 그것은 진정으로 도덕적인 행위를 한 것입니다. 한편으론, 정직하면 됐지 반드시 도덕적 의무감에 따라야만 도덕적이라고 말하는 칸트가 너무 엄격하고 융통성 없는 사람처럼 보이기도 합니다.

인간은 쓸모와 관계없이 존엄한 존재
• • •

그럼, 칸트는 행복을 추구하면 안 된다고 말하는 것일까요? 꼭 그런 것만은 아닙니다. 다만, 행복에만 오로지 집중하다 보면, 사람들을 대할 때조차도 그 사람을 자신의 행복을 위한 수단으로 보게 될 가능성이 커진다는 것입니다. 이를테면 부모 입장에서 아이가 나를 행복하게 해주면 아이를 사랑하고 그렇지 않으면 미워한다고 생각해 보세요. 이때 아이는 부모의 행복을 위한 수단이 되는 것입니다. 말도 안 되는 일이죠.

우리는 '나는 어떤 쓸모가 있을까'를 늘 확인하고 싶어 합니다. 유용성이 평가 기준이 되는 것인데요. 사람들한테 인정받는다는 건 그 사람이 지닌 유용한 가치를 인정받는다는 것을 의미합니다. 그건 과학자가 훌륭한 발명품을 발명해 내는 식의 거창한 유용성만을 말하지 않습니다. 심부름을 잘하는 것, 반 아이들을 즐겁게 해주는 것도 유용성입니다. 그렇게 본다면, "네가 있어서 행복해"라는 말은 "넌 나의 행복에 필요한 존재야. 쓸모가 있어"라고 해석할 수도 있을 것 같습니다.

칸트는 유용성이나 쓸모와 같은 이익에 상관없이 무조건적으로 따라야 하는 도덕 법칙이 존재한다고 말합니다. 그 하나는 '네 행위의 준칙이 보편적 입법의 원칙에 타당하도록 행위하라'는 것이고, 다른 하나는 '너 자신과 다른 사람의 인격을 수단으로 대하지 말고 목적으로 대우하라'는 것입니다.

정직의 의무에 따라 물건 파는 행위는 첫 번째 원칙에 따른 것입니다. 둘째 원칙에 따르면, 인간은 어떤 쓸모를 가졌는지와 무관하게 그 자체로 존엄성을 지닌 존재이므로 존중받아 마땅합니다. 즉, 아이가 공부를 잘하든 못하든, 내 마음에 들든 들지 않든, 아이는 그 자체로 존중받아 마땅한 인격체라는 말입니다.

그럼에도 불구하고 우리는 경향성의 원리가 작용하는 감성의 세계에 속한 존재이기에, 내가 바람직하다고 생각하는 대로 아이가 성장해 주길 바랍니다. 공부 잘하는 아이, 친구들과 잘 지내는 아이, 운동을 잘하는 아이, 그림 잘 그리는 아이, 예의 바른 아이, 신앙심 깊은 아이 등.

그러나 이성을 지닌 존재로서 예지의 세계에도 속한 우리는 아이에 대한 나의 바람과 상관없이 아이의 인격을 존중할 수 있어야 합니다. 나의 아이도 나와 동등한 인간으로서 존엄성을 지닌 존재임을 인정한 상태로 아이를 대해야 하는 것이죠. 어쩌면 진정한 행복은 그 사람이 내게 쓸모 있는 존재란 자각이 들었을 때가 아니라 그 사람 자체의 소중함을 느끼는 순간 찾아오는 건지도 모르겠습니다.

3.

진정한 행복의 본질을
고민할 때

칸트처럼 행복과 도덕을 대립하는 개념으로 간주할 경우, 행복을 추구하는 것이 무언가 잘못된 것처럼 보이기도 합니다. 과연 그럴까요?

진짜 행복, 가짜 행복

· · ·

진정한 행복은 심리적인 만족을 넘어서는 그 무엇이라고 말하는 철학자가 있습니다. 미국의 철학자 로버트 노직Robert Nozick이 그 주인공으로, 그는 '경험 기계'라는 사고 실험을 제안했습니다. 이 경험 기계 안에 들어가면 내가 원하는 대로 모든 경험을 할 수 있습니다. 위대한 시를 쓸 수도 있고, 세계 평화에 기여할 수도 있고, 사랑하고 사랑받을 수도 있습니다. 모든 것이 이루어지는 단조로움을 원치 않으면 불확실성을 입력해 고난을 경험하면서 원하는 것을 이루는 것도 가능합니다.

이 모든 프로그램은 원하는 경험을 가능하게 해주는 대신, 일단 기계 안으로 들어가면 이전의 모든 기억이 사라지고 자신이 기계 안에 있다는 것을 인지할 수 없게 만듭니다. 여러분이라면 경험 기계를 선택할 건가요? 경험 기계 속에서의 경험을 행복이라고 할 수 있을까요?

이 사고 실험은 일단 우리에게 기계 속에서의 경험이 가짜 경험이라는 느낌을 줍니다. 노직도 우리는 진짜를 원하지 가짜를 원하지 않는다고 말합니다.

이와 유사한 사고 실험이 있습니다. 어느 중견 기업의 간부가 죽음을 눈앞에 두고 자신은 성공한 삶을 살았다고 술회합니다. 그는 자신이 자수성가해서 중산층의 경제력을 갖추었고, 회사 동료들로부터 존경을 받았으며, 현모양처인 아내가 가정을 잘 꾸려왔고, 자녀도 우등생이라 곧 좋은 대학에 입학할 것이라 믿습니다. 그러니 자신은 행복한 삶을 살다가 생을 마감하는 것이라고 생각합니다. 그런데 실상은 달랐습니다. 회사 동료들은 뒤에서 그가 무능하고 염치없는 사람이라고 험담했고, 아내는 부동산 투기에 실패해 곧 집을 팔고 월세로 옮겨야 할 판이었습니다. 자녀 또한 학교 폭력에 연루되어 학교를 그만두어야 할 상황입니다.

이 중견 기업의 간부는 행복한 사람이라고 할 수 있을까요? 만일 그가 행복한 사람이라고 할 수 없다면 왜일까요? 진짜 상황이 나빴으니까? 그는 그것을 몰랐습니다. 그가 행복하지 않은 사람이라고 한다면, 그건 진짜 현실을 몰랐기 때문일 것입니다.

경험 기계가 보여주는 메시지는 하나 더 있습니다. 기계 속에 들어간 순간, 사람들과 고립되어 단절된 채 조작된 기억으로 얻는 만족감을 행복이라고 보기 어렵다는 것입니다. 나의 경험뿐만 아니라 타인의 경험을 공유하면서 우리는 행복을 느낍니다. 영국의 철학자 알레스데어 매킨타이어Alasdair MacIntyre는 우리가 제대로 잘살기 위해선 내가 어떤 존재인지를 먼저 알아야 한다고 말합니다. 그는 인간은 이성적으로 판단하고 행위하는 존재가 아니라, 역사적이고 공동체적인 존재라고 말합니다. 나라는 사람은 혼자 고립적으로 존재하는 것이 아니라 타인과의 관계 속에서 존재할 수밖에 없고, 현재에만 존재하는 것이 아니라 과거와 미래를 모두 거치는 존재라는 것이죠. 그래서 나의 행위는 필연적으로 다른 사람들에게 영향을 미치고, 과거로부터 영향을 받고, 미래에 영향을 끼칠 수밖에 없습니다. 인간을 이성적이고 자율적인 존재라는 개인적인 관점에서 보면 행복이란 주관적이고 심리적인 경향성을 띠지만, 이처럼 사회적 존재로 보게 되면 행복을 바라보는 관점도 달라지게 됩니다.

행복은 덕과 일치하는 활동

* * *

고대 철학자인 아리스토텔레스가 말하는 행복은 즐거움이나 고통과 같은 심리적인 상태가 아니라 그 자체로 좋고 궁극적인 것이어서 선택하는 것입니다. 아리스토텔레스는 모든 행위와 선택에는 목적이 있으며, 그 목적은 좋은 것을 추구하는 것이고, 좋은 것은 그것이 지닌 기능을 실현하는 것이라고 말합니다. 예를 들어, 스마트폰의 경우 다양한 앱을 다운받아 쓰고 카메라와 MP3로도 사용하기 때문에 메모리 용량이 큽니다. 또 카메라의 화소가 높고 음질이 깨끗하면 좋은 스마트폰이라고 합니다. 인간도 마찬가지입니다. 인간이 지닌 고유의 기능을 최대한 발휘할 때 좋은 인간, 행복한 인간이 되는 것입니다.

아리스토텔레스는 인간을 '이성적 동물' '사회적 존재'로 정의했습니다. 그래서 아리스토텔레스가 볼 때는 인간이 지닌 고유의 기능인 '정신의 이성적 활동'을 발휘할 때 좋은 사람, 행복한 사람이 됩니다. 물론 이런 아리스토텔레스에 반대하고 니체처럼 인간의 의지나 감정, 몰입, 열정을 더 근본적인 것으로 본 철학자들도 있습니다. "사람이 사람답게 살아야지" "인간적으로 말이야" 같은 말을 생각하면 '인간다움'이란 것이 있긴 한 것 같은데, 그것이 정확히 무엇인지는 더 생각해 봐야 할 것 같습니다.

아무튼 아리스토텔레스가 말하는 이성적 활동이란 과학을 가능하게 한 그런 이성은 아니고, 사람을 사람답게 해주는 그런 이성입니다. 뭔가 의미 있고 가치 있는 일을 했을 때 뿌듯함이나 자부심이 느껴지면서 스스로가 멋지게 보인다면, 행복이 덕과 일치하는 활동이라는 아리스토텔레스의 말이 맞는 것 같기도 합니다.

아리스토텔레스는 공동체 안에서 살아가는 인간들의 현실적인 조건들을 충분히 고려하면서, 실제 삶에서 벌어지는 일들에 주목하고 각각의 상황에서 무엇을 목적으로 삼고 행위해야 할지 말했습니다. 매킨타이어뿐만 아니라 현대의 덕 윤리학자, 공동체주의자인 마이클 샌델Michael Sandel이나 찰스 테일러Charles Taylor 같은 철학자들도 아리스토텔레스의 전통을 이어받아 '좋은 삶'에 대해 말합니다. 옳고 그름을 따지고 권리의 정당성을 앞세우기보다는 다 함께 좋은 삶을 살아가려면 어떻게 해야 하는지에 많은 관심을 기울이자는 것입니다.

검토하지 않는 삶은 가치가 없다

• • •

'철학哲學, Philosophy'은 어원으로 볼 때 한자로는 '밝은哲 배움學'이고, 영어로는 '지혜Sophia'와 '사랑, 우애Philos'가 결합된 말입니다. 서양철학자들 가운데 가장 유명한 소크라테스는 '지혜를 사랑하고 진리를 추구한 철학자'로 잘 알려져 있습니다. 진짜 행복과 가짜 행복을 구별해 보고, 좋은 삶에 대해 생각하다 보니, 지혜를 사랑하고 진리를 추구하는 일이 행복과 무관하지 않은 것처럼 보입니다.

우리는 누구나 속고 살기를 원하지 않습니다. 이것은 거짓을 피하고 진실을 원하는 인지적인 속성입니다. 하지만 우리가 진실을 원한다고 해서 진실을 알 수 있는 것은 아닙니다. 오히려 우리는 스스로의 확신과 신념에 사로잡혀 거짓과 환상 속에 있을 가능성도 있습니다. 타인의 잘못된 신념과 왜곡된 정보들은 쉽게 발견할 수 있지만 자신의 신념 속에 있는 오류들을 발견하는 건 너무도 어렵습니다. 그래서 소크라테스는 말합니다. "네가 옳다고 믿는 것이 진짜 맞는지 끊임없이 묻고 검토하라"고. 만일 내가 가짜 행복을 원하지 않는다면 집요하게 묻고 따져야 합니다. 내가 맞다고 생각하는 근거, 이유는 무엇인가 하고.

부모들은 자신의 자녀에 대해 잘 알고 있다고 확신하기 쉽습니다. 아이의 성향, 성격, 능력, 선호, 심지어 친구 관계까지 모든 것을 속속들이 알고 있다고요. 그래서 아이의 행복을 위해 무엇을 어떻게 해주어야 할지, 아이 자신보다 부모인 내가 더 잘 안다고 생각합니다. 부모가 나서서 이런저런 학원을 보내고 진로를 결정해 주고, 심지어 사귀어야 할 친구와 사귀면 안 되는 친구까지도 결정해 주기도 합니다.

이런 확신은 자칫하면 자녀를 수동적이고 의존적인 아이, 스스로 선택하고 결정하는 데 두려움을 느끼는 아이로 만들 수 있습니다. 이런 아이를 행복한 아이라고 하기는 어려워 보입니다. 행복하지 않은 아이를 바라보는 부모가 행복하기도 어려울 것 같습니다.

자녀에 대한 확신, 내가 틀림없이 옳다고 믿고 있는 것들에 물음표를 붙이라는 말은 모든 것을 의심스럽게 보라는 의미가 아니라, 지적인 겸손함을 지녀야 한다는 뜻입니다. 우리는 확신과 신념 없이 살아갈 수 없습니다. 다만 그것이 절대적으로 옳다는 바로 그 마음에 브레이크를 걸고, 겸손한 자세로 정말 그런지를 생각해 보자는 것이죠.

'누구나 행복을 원한다'고들 합니다. 마치 모든 사람들이 행복을 위해 사는 것처럼 말이죠. 하지만 곰곰이 따져보면 행복에 집착하는 것도 어쩌면 허상에 불과한 건 아닐까 싶기도 합니다. 행복은 결국 하나의 실체가 아니라 우리의 삶 속에 나타나는 어떤 현상들을 지칭하는 이름에 불과한 것이니까요.

대화로 철학하기

〈 나에게 던지는 질문 〉

내가 가장 원하는 것은 무엇인가?
그것을 가진 사람들은 행복한가?

내가 지금 가진 것들 가운데 눈에 보이는 것은 무엇이고,
눈에 보이지 않는 것은 무엇인가?
이것을 못 가진 사람들은 나를 부러워할까?

내가 지금 가진 것들을 잃게 된다면 난 지금의 순간을 부러워할까?

내가 두려워하는 것은 무엇인가? 그것을 극복할 수 없을까?
그것을 극복하는 사람도 있을까?

나로 인해 행복한 사람들이 있나? 그 사람들은 누구인가?

〈 아이에게 던지는 질문 〉

고통이 무엇인지 모르는 사람이 행복을 느낄 수 있을까?
(ex. 병을 치료해서 건강을 회복한 사람과 늘 건강한 사람 중
누가 더 건강에 대한 행복감을 느낄 수 있을까?)

마약을 하고 기분 좋은 사람과 좋은 일을 하고 칭찬받아서
기분 좋은 사람이 느끼는 행복감은 같을까, 다를까?
다르다면 누구의 행복감이 더 바람직한가? 그 이유는?

행복과 즐거운 느낌, 편안한 느낌은 같은 걸까?
힘들고 어려운 일을 하면서도 행복을 느낄 수 있을까?

혼자 느끼는 행복과 다른 사람들과의 관계 속에서 느끼는 행복은
어떻게 다를까? 아무도 사랑하지 않고, 누구에게도 사랑받지 못하는
사람이 행복할 수 있을까?

많은 사람들의 행복을 위해 몇몇의 행복을 희생시키는 건
어쩔 수 없는 일일까? 만일 내가 희생당해야 하는 소수에 속하더라도
다수의 행복을 지지할 수 있을까?

10장

왜 살까,
어떻게 죽을까

✕

쇠렌 키르케고르

카를 야스퍼스

"할아버지, 할아버지. 오늘 무슨 날이게?"

유치원 가는 길에 솔이가 묻는다. 내가 모르는 척하고

"글쎄, 무슨 날이지? 수요일인데…"라고 대답하자,

솔이는 비밀이라면서 귓속말로 속삭인다.

"오늘은 엄마가 아야 아야 해서 날 낳아준 날이에요."

"아, 그래? 그렇구나. 우리 솔이 생일이구나" 하고는

놀란 척하며 무엇을 가지고 싶으냐고 물었다.

"오늘은 엄마가 아주 많이 아파서 나를 낳은 날이잖아요.

그러니까 엄마한테 선물해야지요. 아빠가 아빠 생일 때

할머니한테 꽃을 드렸어요. 나도 엄마한테 꽃 선물하고

싶어요."

이렇게 고운 손주 딸이 어디서 왔을까?

솔이만 보면, 이북에 두고 온 여동생이 떠오른다.

여동생이 지금 솔이 나이쯤 됐을 무렵, 아버지는 나와 두

남동생을 데리고 남쪽으로 향하셨다. 어린 여동생과

다섯째를 가진 어머니에게 곧 데리러 오겠단 말과 함께.

그렇게 70년이 흘렀다. 그날, 내 손을 놓지 않으려던

여동생의 작은 손이 떠오른다.

발걸음이 어느새 아버님 산소가 있는 망향 동산으로
향한다. 작은 꽃다발을 그 앞에 놓으며 중얼거렸다.

"아바디, 저도 이제 곧 아바디 계신 곳에 갈 때가
되었습네다. 거기 오마니도 같이 계시디오? 우리 막내는
아직 거기 없갔디요? 두 분은 이제 두 곳을 다 지켜보고
계시니까니, 이 나라 어케 좀 평안하게 해주시라요."

오랜만에 속울음이 터져 아무도 없는 아버지 산소 앞에서
실컷 울었다. 나는 죽음이 두렵지 않다. 오히려 그 오랜
세월 만나지 못했던 내 어머니와 여동생을 만나러 가는
날이니까. 어쩌면 보지 못한 우리 다섯째도 거기서
만날지 모른다. 하도 고생을 해서 여동생과 막내는 왠지
그곳에 먼저 가 있을 것만 같다. 팔순을 넘어 아흔을
바라보는 세 오빠가 아직 가지 않은 그곳에.

그래, 나의 죽는 날은 나의 또 다른 생일날이다. 그토록
그리운 가족과 새로운 삶을 시작할 그 세계에, 내가
새롭게 태어나는 그런 날이 될 테니까.

1. 　　　　　　내 생일의 진짜 주인공은 내가 아니다?

"왜 태어났니, 왜 태어났니~~!"

흔한 생일축하 노래 대신, 친한 친구들끼리 장난스럽게 불러주는 노래. 태어나주어서 기쁘다는 마음을 역설적으로 표현한 노래이지만, 정말 이 노래를 부르며 자신이 왜 태어났을까를 생일날 고민해 보는 이가 많은 것 같진 않습니다. 되려 아이들 생일이면 또래 친구들 수준에 맞추어 생일파티를 준비하느라, 집안 어르신들 생신이면 잊지 않고 미리 선물을 준비하느라 정신이 없죠. 정작 내 생일은 누가 챙겨주지 않으면 그냥 지나가기 일쑤인데 말입니다.

그런데 내 생일도 아니고 아이의 생일날, 아이가 내게 선물을 한다면 어떨까요? 상상만으로도 흐뭇하네요. 다만, 솔이는 아빠가 할머니한테 선물하는 것을 보고 배운 것이니, 결국 내가 먼저 부모님께 그렇게 해야 했구나 싶긴 합니다.

솔이는 여느 아이들 같지 않습니다. "내 생일엔 방 치우지 않아도 되지? 내 생일이니까 내 말 들어줘야 해!" "내 생일선물은 내가 고르는 것으로 사줘!"라며 생일을 벼슬처럼 말하는 아이들이 대부분인데 말이죠. 그러고 보면, 아이들과 생일의 의미에 관해 이야기해 본 적이 별로 없습니다. 그저 남들에게 주눅 들지 않도록 유행하는 장난감을 사주면서 그날의 주인공이 된 아이에게 잔뜩 기쁨을 주는 데만 급급했던 것 같습니다. 탄생이란 무엇인지, 왜 우리가 생일을 축하해 주어야 하는지, 나의 생일은 나만 좋으면 되는지 등에 대해 한 번쯤 생각해 볼 필요가 있지 않을까요? 그러면서 그간 겸연쩍어 꺼내지도 못했던 "나를 태어나게 해주신 분께 감사하는 것도 잊지 말자" 같은 잔소리도 좀 하면서요.

생일선물, 생일파티에 태클 걸기

• • •

곰곰이 생각해 보면, 생일에는 파티나 선물보다 더 깊이 생각할 거리들이 많다는 것을 깨닫게 됩니다. 생일만큼 나 자신을 돌아보기 좋은 날도 없을 텐데, 정작 돈으로 살 수 있는 것들을 바라보느라 아이의 속마음을 제대로 들여다보지 못하는 경우가 많습니다. 어른들도 마찬가지죠. 나이 먹고 무슨 생일을 챙기느냐면서도, 막상 생일이 다가오면 살짝 들떠서 무슨 선물을 받을까, 그날 누구랑 근사한 식사를 할까 생각하며 설레게 마련이니까요. 아이들과 여성의 생일을 포함한 기념일 챙기기에 무관심했던 전근대적 문화보다는 당연히 구성원 하나하나를 인격적으로 대우하며 그 사람의 태어난 날을 함께 축하해 주는 개인 존중의 근대 문화가 좋은 것이 사실입니다. 하지만 그 축하의 방식에는 태클을 걸어볼 필요가 있습니다.

이렇게 우리 안에 당연하게 받아들여져 온 것들에 관하여, "아! 잠깐만요! 왜 그래야 하죠?" 하고 묻는 것이 철학하는 사람의 사유 방식입니다. 물론 일상의 모든 것에 일일이 태클을 걸 수는 없겠지만, 무언가 이상하다고 느끼는 문제가 있다면 그 모든 것이 철학적으로 탐구해 볼 가치가 있는 철학적 물음이 될 수 있는 것입니다.

우선, 솔이네처럼 생일의 주인공을 태어난 사람에서 태어나게 한 사람에게로 조금만 눈을 돌려보는 것도 '건전한 태클'의 한 방법이 되겠습니다. 그러고 보면, 생일날 미역국은 이날 제일 고생하신 어머니가 드시는 게 맞는 것도 같습니다. 그렇다면 생일마다 부모님께 미역국과 선물을 드리는 문화가 우리 사회에 자리 잡으면 어떨까요? 충분히 생각해 볼 수 있는 문제입니다. 이는 단순히 감사함을 강요하는 행위가 아니라 내가 존재함은 나 스스로 이뤄진 것이 아니라는 형이상학적 깨달음에서 비롯되는, 그야말로 철학적 실천의 멋진 문화가 될 수도 있을 것입니다. 부모님이 계시지 않다면,

생일을 지금까지 날 존재하게 한 고마운 분들께 감사하는 날로 여기며 자기 삶을 돌아보는 의미 있는 날로 바꾸어가는 것도 좋을 것입니다. 돌잔치를 소박하게 가족 모임으로 대체하고, 매해 아이 이름으로 작은 기부를 하는 부모들처럼 말입니다.

생일의 주인공이 바뀌는 순간

• • •

생일을 맞은 사람이 자신의 '존재함'을 가능하게 한 분들을 생각한다는 것은 철학적 사유로의 대단한 전환입니다. 여러 문화권의 언어에서도 살펴볼 수 있듯이(독일어: denken → danken, 영어: think → thank, 한국어: 생각하다 → 사모하다, 사랑하다) 인간의 생각이 점점 깊어질수록 그 생각의 열매는 감사가 되고 사랑이 되나 봅니다. '내가 태어난 날 난 한 것도 없는데 축하받을 이유가 없지 않나?' 하는 머릿속 생각 하나가 삶의 한 가지 방식으로, 관계적 존재 형태로 드러나는 것이죠. 그렇게 좋은 생각의 씨앗을 함께 심어주는 것이 우리가 아이들 생일에 해주어야 할 진짜 선물이 아닐까요?

또 하나의 철학적 사유로의 전환은 생일날 '나는 스스로 태어난 것이 아니다'라는 내 존재의 피동성에 대한 깨달음이 오히려 내 존재의 능동성을 알린다는 것입니다. 생일날, 선물 달라고 조르던 아이가 어느덧 몸과 함께 생각도 자라 자기를 낳아준 부모님께 감사하는 마음을 갖고 이를 표현한다고 생각해 보세요. 그 아이는 이제 더는 어린아이가 아닌 것입니다.

내 생일의 진짜 주인공은 내가 아니라는 자각이 일어날 때 비로소 내가 내 삶의 진정한 주인이 되는 이 역설. 이처럼 철이 들어가는 과정은 철학적 사유의 열매가 익어가는 과정이기도 합니다. 나의 태어남에 대한 진지한 깨달음은 내 삶을 스스로 살아내려는 움직임으로의 변화를 의미하는 것이니까요. 이는 실존철학자들의 용어를 빌리면 '피투성被投性', 즉 자신이 세상에 던져진 존재라는 깨달음에 대한 자각으로 말미암아 실존의 '기투企投', 즉 주체적으로 스스로를 삶에 던지는 일이 일어난다는 것으로 설명될 수 있겠습니다.

존재가 하나의 진정한 자아로 다시금 태어나는 것은 자기 존재가 현재 이 구체적인 현실 세계 안에 던져져 있다는 수수께끼에 스스로 직면하는 순간부터 시작됩니다. 이 던져진 존재의 현실을 다 이해하진 못해도, 피할 수 없는 상황을 대충 살아가는 것이 아니라 능동성을 발휘하여 자기 창조를 해나갈 때, 진정 실존의 존재방식을 이루어가는 것이죠.

생일 감사의 의미가 너무 거창한가요? 그래도 예의 바른 아이를 키워야 한다는 뻔한 이야기 말고, 일상에서 '생일'이란 평범한 이벤트를 통해 실존적 깨달음을 얼마든지 얻을 수 있다는 사실을 말하고 싶었습니다. 그 깨달음을 아이와 함께 체험하는 것이 육아의 또 다른 기쁨이 아닐까 하면서요.

2.

참된 자아를
찾아가기 위한 성장통

　　손꼽아 생일을 기다리는 어린아이들과
달리, 어느 순간 사춘기를 맞은 아이들은 태어남에 감사하기는커녕
생일축하를 받는 것조차 심드렁해지곤 합니다. 사춘기라고, 다 지나
갈 거라고 덮어두기엔 너무 깊은 고민이 있어 보이는데, 어떻게 말
을 꺼내야 할지 답답한 때가 있습니다.

　　생일 아침, 생일상을 받고도 기뻐하지 않는 아이. 심각한 표정의
아이는 기어들어 가는 목소리로 겨우 입을 엽니다.

　　"엄마, 나 같은 거 낳느라 수고했어. 그런데 이렇게 못난 나, 왜
태어나게 했어?"

　　깜짝 놀라 식구들이 아무 말도 하지 못합니다. 건드리면 톡 울

음이라도 터질까, 겨우 생일 촛불을 불고 등교 준비를 서두릅니다. '네가 왜 못났냐, 생일날 그게 무슨 말이냐' 정도의 잔소리로 진정될 아이 상태가 아니기에 온종일 마음이 편하지 않습니다. 본격적인 사춘기의 시작이구나, 싶다가도 생일날 아이가 저토록 우울해하는 이유가 궁금합니다.

차라리 태어나지 말았으면 좋았을걸

. . .

사춘기로 접어든 모든 아이가 이렇게 생일을 우울하게 맞진 않습니다. 친구들과 생일파티를 벌일 궁리에 즐거워하는 아이들이 태반이죠. 하지만 삶의 무게가 버거워 차라리 태어나지 않았다면 좋았을 거란 생각에 빠지는 아이도 적지 않습니다. 그런 아이가 당연히 내 아이일 수도 있고요.

친구들과의 관계에서 상처를 받았거나, 잘한다고 생각한 과목에서 원하는 성적이 나오지 않았거나, 자신이 좋아하던 연예인한테 좋지 않은 일이 생겼을 때 등등. 그 시기, 아이들은 어른이 보기에 별것 아닌 작은 일 하나로도 세상이 다 무너진 것 같은 절망감을 느끼곤 합니다. 문제는, 사춘기의 이 부정적 감정이 안타깝게도 절망감을 일으킨 그 문제가 해결된다고 해서 싹 사라지지는 않는다는 데 있습니다. 잠깐 햇빛이 비치는 때가 있을 수는 있어도, 여전히 먹구름이 걷히지 않은 채 늘 마음 한복판을 짓누른다는 것입니다.

어쩌면 그런 먹구름은 비단 사춘기 청소년에게만 있는 것이 아닐지 모르겠습니다. 누구에게나 인생에 그런 시기는 있으니까요. 내하늘엔 온통 절망의 먹구름만 가득한 듯한 그런 때, 곧 지나갈 거라여기지만 결국 소낙비라도 잔뜩 퍼부어야 그 먹구름의 역할은 끝이나는 것이겠죠.

하필 생일날 그런 먹구름에 휩싸인 아이에게는 어떻게 해주어야할까요? 아이에게 나의 사춘기 경험을 이야기해 줄까, 그냥 아무 대화도 섣불리 시도하지 말고 아이가 좋아할 만한 것을 사서 조용히방에 넣어줄까, 아니면 시간을 좀 더 주고 주말에 같이 영화라도 보러 가자고 할까.

뚜렷한 묘책은 없어 보이지만 이 일로 우리는 아이나 어른이나다를 바 없이, 인간의 내면이 그리 단순하지만은 않다는 진리를 터득하게 됩니다. 어쩌면 나도 고민해야 할 내면의 그 무엇을 아이가오히려 진지하게 먼저 마주하는 것인지도 모르겠습니다. 사는 게바빠 당장 풀지 않고 구석 방에 내팽개쳐둔 채 잊고 있던 이삿짐마냥, 언젠가는 꼭 풀어야 할 그런 인생의 숙제를 말이죠. 생일날 어렵게 내뱉은 아이의 말이 어쩌면 대충대충 허겁지겁 살아가고 있는나를 일깨우는 계기가 될 수도 있을 것 같습니다. 미역국보다 더 큰선물이네요.

참된 진리는 '주체성'

· · ·

이 선물을 열어보기에 앞서, 주목해 볼 철학자가 있습니다. 프로이트 심리학이 대두되기 훨씬 전, 마음의 병을 전문적으로 다루는 상담 심리가 체계화되기도 전, 요즘처럼 전문 상담이 쉽게 이루어진다는 것은 상상하기도 어려웠을 19세기 초반, 덴마크의 한 청년은 당시 교회 지도자들의 진정성 없는 행태와 비리를 고발하며, 신 앞에 홀로 선 '단독자' 사상을 남겨 놓습니다. 이 용감한 청년이 바로 실존철학의 창시자 쇠렌 키르케고르Søren Kierkegaard 입니다.

키르케고르의 사상이 널리 알려지고 새로운 철학의 장르로 자리매김하기까지는 긴 세월이 흘러야 했습니다. 짧은 생을 살다간 이 덴마크 청년의 진솔한 기록들은 그의 사후 100년이 되어서야 독일 철학자와 문학가 들에 의해 번역되면서 비로소 세상에 빛을 던지게 된 것인데요. 그 파급 효과는 실로 대단한 것이었습니다.

그는 보편타당한 진리, 모두에게 해당되는 객관적 진리를 추구하는 철학의 방향성에 대해 비판하면서, 참된 진리는 '주체성'이라고 주장합니다. 그 진리가 나의 내면과 관련을 맺고 있고, 그 진리에 자기 자신을 온전히 위임해 그것을 위해 죽고 살 수 있을 때 그것이 진정한 진리라고 말하는 키르케고르의 외침은 세계 지성인들에게 큰 울림이 되었습니다. 나랑은 거리가 있는데도 그것이 진리이고 옳다 하니 억지로 따라왔던 이들에게 키르케고르의 실존은 이런 '자기 소외'를 극복할 수 있는 길을 비추어주었던 것입니다. 진정한 자아와 내면의 진리를 추구하는 것이 현대의 인간 소외 현상을 치유할 수 있음을 시사하는 키르케고르의 처방은, 철학은 물론 신학, 문학, 예술 분야에까지 전방위적인 영향을 미치면서 매우 독특한 사유의 방식을 탄생시켰습니다.

《이것이냐, 저것이냐 Enten-Eller》《공포와 전율 Frygt og Bæven》《불안의 개념 Begrebet Angest》《철학적 단편 Philosophiske Smuler eller En Smule Philosophi》 등 많은 저작을 단 3년(1843~1846) 동안 거의 익명으로 발표하면서, 키르케고르는 언론의 거짓과 대중의 악의적 조소에 맞서 싸우게 됩니다. 그러면서 내면의 진정성과 단독자로서의 주체적 결단이 수반되지 않은 진리는 결국 사회의 권위에 말려드는 대중의 우매한 종속을 낳을 수밖에 없음을 폭로합니다. 이것의 폐해를 비판한 것은 물론이죠.

키르케고르의 실존주의 사상이, 생일이 전혀 기쁘지 않은 아이가 우리에게 던지고 간 '생일선물'과 무슨 상관이 있을까요? 여러 가지가 있을 수 있겠으나, 우선은 아이와 함께 이 먹구름 속에서 진정한 나의 내면을 들여다볼 기회, 더 나아가 진정한 나 자신을 만나는 기회를 들 수 있습니다. 참된 자기 자신과 마주하는 생일날, 나도 아이도 외부에서 주입한 소위 객관적이고 보편타당하다는 이야기들에 휘둘리지 않으면서, 깨어 있는 실존으로서 어쩌면 더 깊은 차원의 진리에 직면하는 기쁨을 만나게 될지도 모르죠.

자기 자신과 관계 맺을 기회

· · ·

어떻게 그런 행복한 일이 가능할지 좀 더 자세히 탐구해 볼까요?

키르케고르는 그의 저서 《죽음에 이르는 병 Sygdommen til Døden》에서 '절망'이 바로 그 병의 원인이라고 진단합니다. 마치 왜 태어났을까를 고민하면서 자기 자신은 물론 자신을 둘러싼 모든 것에 실망하고 삶의 고통과 아픔 속에서 괴로워하는 사춘기 아이들의 그 절망감처럼요.

그러나 키르케고르는 아이러니하게도 바로 이러한 절망이 좋은 것이라고 말합니다. 아무 병도 없이 완벽하게 건강한 사람은 없듯이 절망하지 않는 사람은 없다고 하면서, 오히려 인간에게 이 절망은 유익한 병이 될 수 있다는 것입니다. 인간에게 이 병에 걸릴 가능성이 주어졌다는 것은 바로 인간이 동물보다 월등하게 낫다는 사실을 증명하는 것이라고 하면서요. 이는 인간에게 자기 자신과의 관계에 대해 고민하는 데까지 이르는 사유 능력이 있다는 것을 드러냅니다.

왜 인간은 자기 자신이 자기 자신에게 가장 버겁게 의식되는 걸까요? 그냥 외부에서 주어진 대로 살아가는 것, 그 이상을 고민하는 존재가 된 것일까요? 여기서 말하는 절망이란 'x를 원하는데 나에게 x가 없는 상태'입니다. 이때 고통스러운 것은 x 때문이라기보다 x가 없는 나를 내가 받아들여야 하기 때문입니다. 즉, 나와의 관계가 관건이라는 것입니다. 키르케고르는 자기 자신과 맺는 관계를 생각하면서 그 관계 자체에 책임을 느끼는 자유로운 자아가 인간에게 있기에, 누구나 절망의 상태를 겪는다고 판단합니다.

그 과정에서 인간은 모두에게 찾아온 절망에 대해 대략 세 가지 태도를 취한다고 말합니다. 절망하고 있으면서도 자신을 의식하지 못하는 경우가 첫 번째, 절망에 처해 자신을 의식하지만 너무 절망에 휩싸여서 진짜 자기 자신이 되기를 욕구하지 못하는 경우가 두 번째, 절망하면서도 진짜 자기 자신이 되기를 간절히 추구하는 경우가 세 번째입니다. 이 마지막 경우에 인간은 그렇게 자기 자신과 관계된 절망이 죽음이 아닌 진정 새로운 실존의 삶으로 스스로를 인도한다는 것을 깨닫습니다.

키르케고르는 이런 맥락에서 인간이 진정한 자기 자신이 되어가는 단계를 나누어 설명합니다. 처음은 자신의 취향에 따라 내가

좋아하는 것, 싫어하는 것이 곧 자기인 줄 아는 '미적 단계'입니다. 그다음에는 사회적인 도덕 기준에 따라 옳고 그른 것을 행하면서 그 행위들이 곧 나 자신을 형성한다고 생각하는 '윤리적 단계'입니다. 그런데 인간이 그 두 단계로는 만족하지 못하고 그 이상의 차원을 갈망한다고 본 키르케고르는 절대자 앞에 오롯이 홀로 서는 단독자로서의 '종교적 단계(마치 전신 거울 앞에 벌거벗은 내 속모습이 다 드러나듯)'에 이르게 될 때, 참된 자아로서의 진짜 자기 자신인 실존이 된다고 했습니다.

생일날이 너무도 힘든 아이가 겪고 있을 그 병은 바로 이렇게 새로운 자아로 변모해 가는 성장통이었으리라 기대합니다. 내가 너무도 싫고 나답지도 않고 나다운 것이 무엇인지 내가 누구인지 도통 모르겠다 싶은 날, 그렇게 자기 자신으로부터 스스로를 소외시키는 그 내면의 동요와 불안과 고통이 키르케고르가 말하는 절망, 즉 참된 자아를 찾기 위해 통과해야 하는 필수불가결한 과정은 아닐까 생각합니다.

물질만능주의가 만연한 현대사회는 인간을 도구화하고, 한 사람한 사람의 존재 자체를 존엄하게 여기기보다는 거대한 집단의 부속품으로 인식합니다. 그렇게 소위 '보편적이고 객관적인 기준'으로 유일무이한 개개인을 재단하고 그 내면조차 재구성해 버리면서 심각한 몰개성화가 초래됩니다. 이러한 사회에서, 우리 아이의 고민은 외려 건강한 것이라 여겨집니다. 이제 아이에게는 스스로의 존재를 분명히 깨닫고 자기 자신과 관계 맺으려는 성숙한 자의식이 생겨나는 시기가 왔습니다. 자기 내면의 세계를 스스로 구축해 나가는 과정이라 여기며 짜증을 내거나 덩달아 고민에 휩싸이기보다는 지혜롭게 축하해 줄 수 있다면 좋지 않을까요? 이참에 우리도 자기 내면의 소리에 귀 기울이며 내 속에 살아 있는 진짜 나와 마주할 기회를 갖는다면 더 좋을 것입니다.

3. 내가 죽는 날은
나의 또 다른 생일날

생일날의 진짜 주인공은 누구인지 생각하며 부모님께 감사드리고, 기쁘지 않은 생일날에도 내면을 진솔하게 성찰하며 한층 더 성숙한 자기 세계를 일구어가는 아이. 우리 아이를 이런 아이로 키울 수 있다면 얼마나 좋을까 생각하시는 분들 많을 것입니다.

그런데 이러한 실존적인 삶의 태도는, 부모인 나 자신에게 먼저 필요하다는 생각도 듭니다. 어쩌면 우리는 우리 스스로 체득한 것을 아이들과 찬찬히 나누기보다, 우리가 하지 못한 것을 해내도록 혹은 우리가 한 것보다 더 높은 수준을 해내도록 아이들에게 요구하며 그것을 교육이라 착각하고 살아왔던 건 아닐까요? 그래서 아이가 잘하면 대리 만족을, 아이가 못하면 대리 불만을 느끼며 나 자신보다는 아이에게 좌지우지되는 삶을 살아왔는지도 모릅니다.

이런 면에서 볼 때, 솔이 할아버지는 참으로 대단한 어르신입니다. 어린 손녀의 기특한 말 한마디를 듣고 곧바로 자신의 일기장 같은 내면으로 들어가 속울음을 터뜨릴 수 있을 만큼 자기 자신과 마주하는 것을 피하지 않으니까요. 우리도 그렇게 늙어갈 수 있으면 좋겠습니다. 게다가 솔이 할아버지는 죽음이 두렵지 않다고 말합니다. 오히려 자신이 죽는 날은 그리운 가족을 다시 만날 수 있는 세계에서 다시 태어날 새로운 생일날이라고 기뻐합니다. 어떻게 이런 삶의 태도를 보일 수 있을까요?

아마도 솔이 할아버지는 험난한 인생 역정 속에서도 진정한 자아로 거듭나기 위한 자기와의 씨름을 계속해 오셨던 것 같습니다. 또 이제는 가까이 다가온 죽음 앞에서 더 깊이 있는 존재로의 새로운 삶을 의연하게 준비하고 계신 게 아닐까 싶네요.

죽음은 아름다운 소통의 과정

• • •

한편, 이런 조부모님이 계시는 솔이네에서는 그날 어떤 대화가 오고 갔을지 궁금합니다. 어린 솔이라서 생일날 이런 엉뚱한 질문을 했을 수도 있겠네요.

"엄마는 나이 먹는 게 싫어요? 나이를 많이 먹으면 죽어요? 그런데 죽는 게 뭐예요?"

아이를 키우면서 대답하기 곤란한 물음 중 하나입니다. 사실 나도 답을 잘 모르기 때문이겠죠.

솔이 할아버지의 지혜를 빌려서 아이 눈높이에 맞추어 답을 들려줄 수 있으면 좋겠습니다. 우리에게는 과거와 미래를 연결하는 다리 역할을 할 의무가 있으니 말이죠.

여기서 우리는 독일의 실존철학자 카를 야스퍼스Karl Jaspers가 말한 '한계상황'과 실존의 관계를 떠올리지 않을 수 없습니다. 야스퍼스는 '실존철학'이라는 용어를 처음 사용했으며 이를 제목으로 처음 책을 출판한 바 있습니다. 무엇보다 그는 대중의 인기에 편승하지 않고 철저히 자신의 '실존철학'대로 철학하는 삶을 살다 간 철학자라고 할 수 있습니다.

그는 자신이 나치 통치 시대를 지나 살아남았다는 것 자체를 자책하며 역사와 책임, 이성과 실존에 대한 독특한 생각을 전개해 나갔습니다. 그의 사상은 실로 방대하지만, 몇 가지 사유의 단편들은 실존이 직면한 죽음을 또 하나의 생일로 의미 있게 전환하는 데 도움을 줄 수 있다고 봅니다. 죽음에 대한 야스퍼스의 생각을 통해 인간이 어떻게 진정한 자아로 거듭날 수 있는지, 그러한 실존이 어떤 과정을 거쳐 고독에서 실존적 소통 상태로 상호 창조(새로운 탄생)가 일어날 수 있는지에 대해 짚어보고자 합니다. 이를 징검다리 삼아,

솔이 할아버지의 '실존적 웰다잉' 관점 또한 살펴보려 합니다.

실존적 삶의 태도로 죽음을 맞이하는 연습을 할 때, 쉽게 말해 웰빙well-being과 함께 웰다잉well-dying에 대해 깊은 숙고가 이뤄질 때, 비로소 우리에게 죽는 날은 또 다른 의미의 생일이 될 것입니다. 이로써 '돌아감(존재의 귀환)'을 기쁘게 맞이할 수 있게 되겠죠. 키르케고르의 절망이 오히려 참된 자아를 찾는 과정이 되듯이, 야스퍼스의 한계상황으로서의 죽음은 실존적 소통이라는 사랑의 과정을 선물합니다. 다시 말해, 진정한 실존이 직면하는 죽음은 아름다운 소통의 과정인 것입니다.

삶에 대한 묘한 초월감

• • •

모두 다 피하고 싶은 죽음이 어떻게 아름답다는 것일까요? 게다가 생일을 이야기하다가 죽음을 이야기하는 게 너무나 뜬금없는 일 아닐까요? 이런 이야기가 현실을 모르는 철학자들의 '난해한 말 잔치'로 느껴지나요?

물론 그럴 수 있습니다. 야스퍼스의 책들은 결코 읽기 녹록지 않으니까요. 하지만 철학자들의 말을 우리 삶에 찬찬히 적용해 보자면 그리 불가능한 일만도 아닙니다. 야스퍼스의《철학2: 실존조명 *Philosophie. Band2: Existenzerhellung*》을 보면 죽음이 또 다른 생일이 될 수 있는 이유를 다음과 같이 추출할 수 있습니다.

먼저, 야스퍼스는 그 책 7장 '한계상황'에서 인간은 자신의 죽음을 경험할 수 없고 오직 죽음과의 관계(죽음에 대한 사유들)에서 죽음을 경험한다고 전제하면서, 그러나 죽음에 대한 올바른 견해나 죽음이 무엇인지에 대한 입장이 하나로 고정되어 있지 않다고 말합니다. 오히려 인간 각자가 죽음을 대하는 태도에 따라 죽음이라는 인간의 한계상황은 그 형태가 달라질 수 있다고 주장합니다. 그래서 야스퍼스는 "죽음은 나와 함께 변한다"라고 말하면서 죽음을 대하는 실존의 방식에 주목합니다. 더 나아가 이렇게 진술합니다.

"실제의 죽음은 강제적이고 중단시키는 것이다. 즉 죽음은 완성이 아니라 끝이다. 그러나 실존은 그럼에도 불구하고 자신의 가능적 완성의 필연적인 한계로서의 죽음을 향해 선다."

말이 조금 어려운데요. 이는 인간의 참된 자아인 실존이 죽음을 대하는 방향에 따라 인생의 끝(한계)이라고 여겨지는 죽음이 도리어 인간을 완성시키는 통로가 된다는 점을 강조하는 것입니다. 그냥 살아가는 인생이 아니라 죽음이라는 한계를 깨닫는 실존에게는 이 죽음과 관계한 생각들이 오히려 삶을 완성하게 하는 선물이 된다는 것이죠.

예를 들어 볼까요? 일상의 바쁜 생활 속에서 갑자기 가까운 사람이나 그 사람 가족의 부고를 들었을 때, 어떤 생각이 드나요? 그 소식은 결혼이나 합격 등의 소식과 어떻게 다른가요? 단순히 '슬픔' '안타까움' 같은 감정보다는 약간 움찔하게 되는 긴장감에 가깝지 않던가요? 내 사랑하는 사람이 떠날 때 나는 어떤 모습일까, 나는 또한 어떻게 생을 마무리하게 될까, 하는 생각이 들면서 소위 앞만 보고 영원히 살 것처럼 달려온 삶에 실존적 태클이 들어오기 때문일 것입니다.

우리는 스스로 죽음을 경험하지 않았음에도 불구하고, 언젠가는 이 세상과 이별한다는 것을 '알고' 있습니다. 일상에서 그 사실을 '느끼지' 않고 살아가지만요. 그런데 그 움찔한 긴장감은 마치 심한 감기 몸살을 앓다가 다시 기운을 차릴 때의 기분처럼, 삶에 대한 묘한 초월감을 주기도 합니다. 내가 무엇을 위해 살아왔는지, 나는 또 어디로 향해 가고 있는지, 내 인생의 종착점은 어디인지, 시 한 수, 노래 한 가닥을 읊조리고만 싶은 그런 묘한 기분 말입니다.

삶의 커다란 시련을 겪고 나면 우리는 일상의 작은 고통엔 무덤덤해지고 어느새 웬만한 일에는 그리 요동치지 않는 평정심을 갖게 되며 한껏 성숙해지곤 합니다. 이것이 인간에게 꼭 필요한 '가장 인간다운' 태도가 아닐까 합니다. 무한한 가능성을 향해 어마어마한 노력을 하다가도 그 끝이 있음을 깨달을 때, 인간의 유한성은 오히려 다른 차원의 위대함으로 승화될 수 있겠지만, 그러한 한계를 인정하지 않고 마주하지 않으려는 인간은 거기가 진정 끝일 테니까요. 어쩌면 인간 그 이하의 태도를 보일 수도 있고요.

그래서 인간은 참 신기한 존재입니다. 자신의 가장 나약한 구석을 통해 가장 강해질 수 있는 이 역설을 끌어안고 살아가는 유기적 생명체는 세상에서 인간이 유일하지 않을까 싶습니다. 손녀 솔이의 생일날, 자신의 끝을 다른 방식으로 마주하는 솔이 할아버지의 눈물은 그런 의미에서 오히려 강하고 아름다운, 가장 인간다운 모습으로 보입니다. 이것이 바로 야스퍼스가 말하는 '그럼에도 불구하고 실존이 죽음이라는 필연적 한계상황에 마주 서는 이유', 즉 자신에게 가능한 완성을 향하여 삶을 진지하게 살아내는 태도가 아닐까 합니다.

밝은 눈을 가지고 투쟁하는 사랑
• • •

또 하나, 솔이 할아버지는 죽음 앞에서 진정한 대화로 새로운 탄생을 소망하고 있음에 주목해 볼 필요가 있습니다. 야스퍼스가 실존의 고독이 실존적 교제(소통)를 통해 상호 창조가 일어날 수 있다고 말한 부분이 떠오르기도 하죠. 실향민 어르신의 신세 한탄 정도로 여기고 넘어갈 수도 있겠지만, 솔이 할아버지의 속울음에는 혼자만의 고독과 함께 저세상 사람들에 대한 애틋한 그리움과 사랑이 담겨 있습니다. 그들을 앞에 둔 것처럼 이야기하는 장면에선 진지한 사귐의 정이 느껴집니다. 이 소통 속에 숄이 할아버지는 자기 안의 참된 자아와 마주할 뿐 아니라 죽음을 넘어서는 자기 창조의 과정을 거치고 있습니다.

우선, 부모님 산소를 찾아 속울음을 터뜨리는 '늙은 아이' 속에서 '고독solitude'을 봅니다. 이것은 단순한 '외로움loneliness'이 아니라 내면의 진짜 나를 만나러 가는 깊은 오솔길과 같은 것입니다. 야스퍼스는 《철학2: 실존조명》 3장 '소통'에서 고독에 대해 이렇게 말하고 있습니다.

"나 자신이 된다는 것은 고독하다는 것이다. 그러나 내가 고독 속에 있다고 해도 아직 나 자신은 아니다. 왜냐하면 고독은 소통 안에서만 실현되는 가능실존을 준비하는 의식이기 때문이다."

사랑하는 사람이 거기 없다는 것을 알면서도 그의 묘소를 방문하는 인간의 마음이란 이런 것 아닐까요. 즉, 이러한 의식, 자기 창조의 가능성을 맛보기 위해 '가능실존(아직 자신이 아니지만, 앞으로 가능한 진정한 자아를 창조해 내는 나)'은 그 고독 속으로 들어가 보고 싶어 한다는 것입니다. 석양에 물드는 망망한 바다를 하염없이 바라보며 고독을 즐기는 이유도 이와 크게 다르지 않을 것입니다.

그런데 그 고독 속에 '대화'라는 것이 작동합니다. 이 대화는 독백이지만 진정한 자기 자신과 만나는 이 대화 없이는 타자와의 참된 소통도 이루어질 수 없으니, 이 고독 속 가능실존의 대화야말로 야스퍼스가 말하는 '실존적 소통(실존적 교제)'을 위한 필수요소일 것입니다.

야스퍼스는 이때 실존적 소통이 다름 아닌 "사랑으로서의 소통이고 이는 밝은 눈(천리안)을 가지고 투쟁하는 사랑"이라고 합니다. 깊은 자기 내면에 침잠해 진짜 자아와 소통하게 되면 자기 자신은 물론 타자와도 사랑의 소통이 가능합니다. 이 사랑의 소통은 단순히 감상에 젖은 맹목적인 사랑도, 물불 안 가리고 달려드는 혈기 왕성한 로맨스도 아닙니다. 분명한 "눈(의식)"을 가진 채 하는 사랑이어서 때로는 상대방과 말싸움을 할 수도 있습니다. 상대방의 말에 무조건 좋다고만 하는 것은 사랑해서가 아니라 무관심해서죠. 나자신을 진짜 사랑하고 타자 또한 진정 사랑한다면, 나와 그가 올바른 방향으로 가고 있는지 늘 점검하는 눈이 꼭 필요합니다. 그 성찰의 과정이 빠진 대화는 사랑의 소통일 수 없습니다.

진정한 사랑의 소통일수록 완성된 자기 존재를 향해 가는 가능실존들을 더 당혹하게 하고, 미완성된 삶을 향해 끊임없이 질문하고 요구하고 더 나은 진리를 위해 씨름할 수밖에 없게 합니다. 그런 사랑의 대화가 실존적 소통이라는 것입니다. 야스퍼스에 의하면, 인간의 실존은 "시간 안에 있는 역사적 실존"입니다. 구체적인 시공간의 역사 속에 존재하는 구체적인 현실 존재들에서 출발한다는 것이죠. 다만, 현실 상황에 매몰된 존재는 실존이 아닙니다. 자신이 마주한 역사(시간)와 한계상황 앞에서, 이를 넘어 '암호로 나타나는 초월자(포괄자)'를 개별적으로 만날 때 비로소 인간의 실존은 드러납니다. 그러니까 보편타당한 진리로 개별 실존을 재단하는 것도 아니고 그런 보편성에 함몰되는 것도 아닙니다. 부단한 사랑의 질문으로 이루어진 실존적 소통을 통한 진리(초월자)와의 만남은 오히려 역사 속에서 구체적 자기 자신을 더 적나라하게 드러냅니다. '나'라고 하는 유일무이한 존재는 그 진리의 영원성 속에서 도리어 진정한 나의 모습으로 비칩니다.

이러한 맥락에서 야스퍼스는 사랑을 이렇게 말하고 있습니다.

"사랑은 그때그때 유일한 것으로 존재한다. 사랑은 어둠을 지닌 인간의 현실성을 사랑의 현존적 몸으로 가진다. 그것은 마치 현상에서 근원의 존재가 자기에게 말하는 것과 같다. 가장 깊은 접촉은 그 자체로 초월자 안에 서 있는 것이다. 시간의 흐름은 영원한 현재의 나타남과 같다. 즉 그것은 영원성 안에 이미 속해 있는 것의 재발견이다."

그렇기 때문에 야스퍼스가 말하는 실존적 소통으로서의 사랑은 실존이 그러한 근원적 존재와 소통하는 과정에 나타나는, 자신과 타자의 참모습을 발견하는 것이라고 할 수 있습니다. 다시 말해, 참된 고독 속의 가능실존이 사랑의 대화를 하는 것은 구체적 역사의 흐름을 영원성에 비추어 밝게 인식하면서 나와 너를 끊임없이 새롭게 발견하는 과정인 것이죠. 이런 실존적 소통의 그림에서 조망하자면, 솔이 할아버지의 독백은 우리 역사의 아픔과 소망의 주체들이 마침내 고통을 사랑으로 승화하며 나누는 대화일 것입니다.

그래서일까요. 솔이 할아버지의 '죽는 날이 또 다른 생일날'이라는 희망이 무겁게 느껴집니다. 그래도 과거 시대와는 또 다른 형태의 전쟁들 속에서 아이를 키우는 우리에게 이런 희망이 있다면, 그런 천리안으로 곰삭혀진 사랑의 대화가 가능하다면, 두려울 것도 무서울 것도 없을 텐데 말입니다.

대화로 철학하기

〈 나에게 던지는 질문 〉

나는 이 세상에 왜 태어났다고 생각하는가?
나의 존재 이유는 무엇일까?

나의 생일 혹은 가족의 생일을 조금 더
'의미 있게' 지내는 방법에는 무엇이 있을까?

최근 '세상이 다 무너진 것 같은' 절망감을 느낀 적이 있는가?
그 절망감을 통해 깨달은 것이 있는가?

아이와 나눌 수 있는 나의 사춘기 경험이 있다면?
내 10대를 돌아보며 풀지 못한 인생의 숙제는 없었는지 살펴보자.

열심히 인생을 살았지만 '아, 이것이 나의 한계구나'라고 느낀 적이 있는가?
만약 그 한계를 인정하는 것이 오히려 기쁨이 될 수 있다면
그 이유는 무엇일까?

홀로 바닷가에 앉아 석양을 바라볼 수 있는 2시간이 주어진다면
무슨 생각을 할 것인가?

〈 아이에게 던지는 질문 〉

생일날 진짜 받고 싶은 선물은 무엇인가?
그 선물 중, 돈을 주고 살 수 있는 것과 돈을 주고도
살 수 없는 것을 생각해 보고 각각 예를 들어 보자.

생일날은 특별한 날인가? 그 이유는 무엇이라고 생각하나?

최근 가장 '나다운 것'을 발견했다면? 그것이 나답다고 느낀 이유는?

몇 살까지 살고 싶은가? 어떤 '늙은이'의 모습이 되길 바라나?

지금까지 살면서 겪은 가장 큰 고통은 무엇이었는가?
그것을 극복해 가면서 발견한 나의 새로운 모습이 있다면?

참고 자료

1장 | 아이 친구 관계에 얼마나 개입해야 할까

- 아리스토텔레스 지음, 강상진·김재홍·이창우 옮김, 《니코마코스 윤리학》, 길(2011).
- 아리스토텔레스 지음, 천병희 옮김, 《수사학/시학》, 숲(2017).
- 키케로 지음, 김성숙 옮김, 《우정에 대하여/노년에 대하여/변론에 대하여》, 동서문화사(2017)

2장 | 나는 아이를 잘 교육하고 있나

- 장 자크 루소 지음, 민희식 옮김, 《에밀》, 육문사(2012).
- 존 듀이 지음, 엄태동 옮김, 《경험과 교육》, 박영스토리(2019).
- 공자 지음, 김형찬 옮김, 《논어》, 홍익출판사(2016).
- Matthew Lipman, *Thinking in Education*, Cambridge University Press(2003).

3장 | 아이는 속으로 무슨 생각을 할까

- 장 폴 사르트르 지음, 방곤 옮김, 《실존주의는 휴머니즘이다》, 문예출판사(2013).
- 장 폴 사르트르 지음, 정소성 옮김, 《존재와 무》, 동서문화사(2009).
- 장 폴 사르트르 지음, 지영래 옮김, 《닫힌 방·악마와 선한 신》, 민음사(2013).
- 프리츠 하이네만 지음, 황문수 옮김, 《실존철학》, 문예출판사(2009).

- 발터 비멜 지음, 구연상 옮김, 《사르트르》, 한길사(1999).
- 믹 쿠퍼 지음, 신성만·가요한·김은미 옮김, 《실존치료》, 학지사(2014).
- 마르틴 부버 지음, 표재명 옮김, 《나와 너》, 문예출판사(2001).

4장 | 어쩌다 스마트폰에 푹 빠졌을까

- 에이브러햄 매슬로지음, 오혜경 옮김, 《동기와 성격》, 21세기북스(2009).
- 노르베르트 볼츠 지음, 윤종석·나유신·이진 옮김, 《놀이하는 인간》, 문예출판사 (2017).
- 야마구치 슈 지음, 김윤경 옮김, 《철학은 어떻게 삶의 무기가 되는가》, 다산초당 (2019).
- 도널드 위니콧 지음, 이재훈 옮김, 《놀이와 현실》, 한국심리치료연구소(1997).
- 미하이 칙센트미하이 지음, 이희재 옮김, 《몰입의 즐거움》, 해냄(2007).
- 미하이 칙센트미하이 지음, 최인수 옮김, 《몰입 flow》, 한울림(2004).
- 요한 하위징아 지음, 이종인 옮김, 《호모 루덴스》, 연암서가(2018).
- 안광복 지음, 《처음 읽는 서양 철학사》, 어크로스(2017).
- 허경 지음, 《미셸 푸코의 『광기의 역사』 읽기》, 세창미디어(2018).
- 오승현 지음, 〈놀이는 어떻게 윤리적 주체를 만드는가: 제4차 산업 혁명 시대에서의 인간의 욕망과 놀이의 관계에 관한 탐색〉, 《시대와 철학》 84호(2018)

5장 | 어디까지가 가족일까

- 프리드리히 엥겔스 지음, 김경미 옮김, 《가족, 사적 소유, 국가의 기원》, 책세상(2018)
- 버드런드 러셀 지음, 이순희 옮김, 《행복의 정복》, 사회평론(2005).
- 에마뉘엘 레비나스 지음, 강영안 옮김, 《시간과 타자》, 문예출판사(2001).
- 에마뉘엘 레비나스, 김도형·문성원·손영창 옮김, 《전체성과 무한》, 그린비(2018).
- 김혜경 외 지음, 《가족과 친밀성의 사회학》, 다산출판사(2014).

6장 | 남혐·여혐, 뭐라고 말할까

- 막스 셸러 지음, 조정옥 옮김,《동감의 본질과 형태들》, 아카넷(2006).
- 제러미 리프킨 지음, 이경남 옮김,《공감의 시대》, 민음사(2010).
- 벨 훅스 지음, 이경아 옮김,《모두를 위한 페미니즘》, 문학동네(2017).
- 벨 훅스 지음, 이순영 옮김,《남자다움이 만드는 이상한 거리감》, 책담(2017).
- 김고연주 지음,《나의 첫 젠더 수업》, 창비(2017).
- 이재경·조영미·민가영·박홍주·이박혜경·이은아 지음,《여성학》, 미래엠앤비(2007).
- 소병일 지음,〈공감과 공감의 윤리적 확장에 관하여: 흄과 막스 셸러를 중심으로〉,《철학》제118집(2014).
- 권기석·권중혁 지음, "세대별 갈등 요인, 청년 '性' 장년 '빈부' 노인 '이념' 꼽아",〈국민일보〉2018년 12월 10일.

7장 | 건물주도 직업일까

- 프리드리히 니체 지음, 장희창 옮김,《차라투스트라는 이렇게 말했다》, 민음사(2004).
- 프리드리히 니체 지음, 백승영 옮김,《유고(1888년 초-1889년 1월 초)》, 책세상(2004).
- 프리드리히 니체 지음, 김태현 옮김,《도덕의 계보/이 사람을 보라》, 청하(1998).
- 박찬국 지음,《인간과 행복에 대한 철학적 성찰》, 집문당(2010).
- 이서규 지음,《삶과 실존철학》, 서광사(2002).
- 박영숙·제롬 글렌 지음, 이영래 옮김《유엔 미래보고서 2050》, 교보문고(2016).

8장 | 왜 부끄러움을 알아야 할까

- 마사 누스바움 지음, 조계원 옮김,《혐오와 수치심》, 민음사(2015).
- 마사 누스바움 지음, 박용준 옮김,《시적 정의》, 궁리(2013).

- 미셸 푸코 지음, 오생근 옮김, 《감시와 처벌》, 나남(2016).
- 어빙 고프먼 지음, 진수미 옮김, 《자아연출의 사회학》, 현암사(2016).
- 소포클레스 지음, 김성환 옮김, 《아이아스》, 지식을만드는지식(2015)

9장 | 어떻게 해야 행복하게 살까

- 디오게네스 라에르티오스 지음, 전양범 옮김, 《그리스철학자열전》, 동서문화사(2016).
- 에피쿠로스 지음, 오유석 옮김, 《쾌락》, 문학과지성사(1998).
- 이마누엘 칸트 지음, 최재희 옮김, 《실천이성비판》, 박영사(2018).
- 아리스토텔레스 지음, 천병희 옮김, 《니코마코스 윤리학》, 숲(2013).
- 스테판 뮬홀·애덤 스위프트 지음, 김해성·조영달 옮김, 《자유주의와 공동체주의》, 한울아카데미(2016).
- 로버트 노직 지음, 김한영 옮김, 《무엇이 가치 있는 삶인가》, 김영사(2014).

10장 | 왜 살까, 어떻게 죽을까

- 쇠렌 키르케고르 지음, 박환덕 옮김, 《죽음에 이르는 병》, 범우사(2001).
- 쇠렌 키르케고르 지음, 최혁순 옮김, 《키르케고르 선집》, 집문당(2014).
- 카를 야스퍼스 지음, 신옥희·홍경자·박은미 옮김, 《철학 II-실존조명》, 아카넷(2019)
- 프리츠 하이네만 지음, 황문수 옮김, 《실존철학-살았는가 죽었는가》, 문예출판사(2009).
- 한국야스퍼스학회 엮음, 《카를 야스퍼스-비극적 실존의 치유자》, 철학과현실사(2008).
- 신옥희 지음, 《문학과 실존-현대문학과 실존철학의 대화》, 이화여자대학교출판부(2014).

육아의 모든 순간,
필요한 건 철학이었다

1판 1쇄 인쇄 2020년 5월 22일
1판 1쇄 발행 2020년 5월 28일

지은이 이지애, 박현주, 이영주, 손아영, 이소연

발행인 양원석 **책임편집** 김효선
디자인 박진영, 김미선 **영업마케팅** 조아라, 신예은, 정다은

펴낸 곳 ㈜알에이치코리아
주소 서울시 금천구 가산디지털2로 53, 20층 (가산동, 한라시그마밸리)
편집문의 02-6443-8863   **도서문의** 02-6443-8800
홈페이지 http://rhk.co.kr
등록 2004년 1월 15일 제2-3726호

ⓒ 이지애, 박현주, 이영주, 손아영, 이소연 2020, Printed in Seoul, Korea.

ISBN 978-89-255-3675-0 (03370)